接纳单身，接纳自己，活成一首诗。

世界那么大我想一个人

反逼婚攻略

罗爱萍 著

SPM 南方出版传媒 广东人民出版社
·广州·

图书在版编目（CIP）数据

世界那么大，我想一个人：反逼婚攻略 / 罗爱萍著.
—广州：广东人民出版社，2016.12
ISBN 978-7-218-11376-0

Ⅰ.①世… Ⅱ.①罗… Ⅲ.①婚姻—通俗读物
Ⅳ.①C913.13-49

中国版本图书馆CIP数据核字（2016）第271594号

Shijie name da wo xiang yi ge ren fan bihun guolüe
世界那么大，我想一个人：反逼婚攻略
罗爱萍 著

出 版 人：肖风华

策划编辑：许春芳
责任编辑：许春芳
责任技编：周 杰

出版发行：广东人民出版社
地 址：广州市大沙头四马路10号（邮政编码：510102）
电 话：（020）83798714（总编室）
传 真：（020）83780199
网 址：http://www. gdpph. com
印 刷：广州家联印刷有限公司
开 本：889毫米×1280毫米 1/32
印 张：8 字 数：182千
版 次：2016年12月第1版 2016年12月第1次印刷
定 价：39.00元

如发现印装质量问题，影响阅读，请与出版社（020-83795749）联系调换。
售书热线：（020）83790604 83791487 邮购：（020）83781421

每个人都要不断探索，找到最舒服的生活方式，然后坚持下去。

没有谁比我们自己更有资格评判自己的生活。

世界那么大，人生有很多种。

当你不再纠结于身处单身的状态，

才能和自己共处，

心平气和地开展生活。

计划好，再奔跑。然后，勇敢地跑下去。

正视逼婚的无处不在，

不再把头埋进沙堆当鸵鸟，

是重整生活的第一步。

你可以获得给予自己幸福的能力。

目录

前言

我这样练成反逼婚高手

我对年轻时的自己最不满意的一点是，面对他人有意无意的评头论足、责难或者羞辱，总是保持沉默。并不是我愿意承受，只不过我不知道如何面对、反击，也缺乏勇气。成为一个“吵架”高手，一直是我最大的愿望。也因此，《九品芝麻官》成了我最难忘的一部电影。电影说的是九品芝麻官周星星为了给秦妇翻案而上京告御状，途中在飘香院白吃白喝被迫当了三个月的仆人。在这三个月里，他模仿飘香院的老鸨吵架，练成了第一吵架高手，凭借着三寸不烂之舌，巧妙化解、干预审判的压力，成功将凶手绳之以法，还了秦妇清白。

我印象最深刻的画面是：周星星对着弯曲的铁管骂，铁管变直了；对着大海骂，海浪像弹珠子一样翻腾；对着死人骂，躺着的死人坐了起来；跟隔壁街的三姑“干架”，三姑的嘴都被骂歪了；原来吵架最厉害的老鸨，被他喷得弹出五米开外，把门撞个粉碎……

羡慕极了！从小学到大学，被父母管教呵斥，被老师批评，被同龄人说闲话，我都习惯于把自己的想法和意见藏在心里，尽管内心很憋屈。自小缺乏自我表达的练习，对我成年后的工作和生活影响很大。工作之后，时不时要参加饭局，饭桌上的客套话，我基本都说不来。生活中，经常有需要讲道理的时候，有时还要吵个小架，我也总是输的那一方。由于我反应太慢，来往几句之后，就不知道如何辩驳下去。每次备受伤害，特别不甘心，细细回想整个过程，就会发现在若干个转折点，我可以反戈一击，可是已经太迟，没有机会再“吵”一次了。我因此特别自责，但又找不到改变的方法。我经常幻想，有朝一日会变得像周星星一样伶牙俐齿。

最近十年来，我从适婚年龄逐步成为大龄未婚女青年，在不同场合总会被问到结婚的事情。明明只是在地铁上搭讪了两三句话的一个阿婆，第四句话就会问“你结婚没有？”亲戚邻居就不用说了，父母更是要贴身肉搏。刚开始面对逼婚，我不断闪躲，要么闪烁其词，要么不好意思地打哈哈，应付几句就算了，要么沉默地任由他人评说。我内心底气非常不足，这么大年纪没结婚，怪不好意思的。后来，我逐渐意识到不结婚的状态是自己主动选择的生活方式，错的不是我，而是那些随随便便就询问我隐私的人。

我开始思考，如何应对才能化解逼婚。就这样，出于反逼婚的需要，我从27岁左右开始学习人生中极其重要的技能：与意见不合者展开对话、沟通与谈判，也就是我前面所说的“吵架”。

这是一场巨大的实验。

在日常生活中练习对话和沟通，是一件很有趣的事情。网上的匿名发言可以随心所欲，似乎无须顾忌其他人的感受，但具体到面对面的个人之间的微观层次的对话，双方必须保持基本的礼貌，遵循现有的社交礼仪规范。对话的人常常要察言观色，对话内容要根据关系的亲疏有所区别，还要注意对方的感受、诉求，以便维持良好的氛围，整个过程表面上非常平和。“吵架”就等于披上了文明的外衣，在保持克制的情况下暗自发力。这体现在逼婚和反逼婚上就变成这样：先是问答式的互相表达各自的观点、立场，接着演变成暗流汹涌的争辩，结局有时是相安无事，有时是不欢而散。

反逼婚的练习机会很多，因为逼婚的人实在太多了，像汪洋大海一般。就算是陌生人之间，三言两语寒暄后就会说到结婚这件事。自从有意识地练习后，每次遇到练习的机会，我都不会闪躲，而是直面逼婚者。我的脸上挂着微笑，耐心、真诚地聆听对方的想法：他们对结婚和不结婚的看法是怎样的、他们的看法是否与自己的经历或婚姻有关，等等。大概了解了对方的想法之后，我会心平气和地尝试不同的反逼婚策略，察看对方的反应，再总结经验。

练习的次数多了，我大概摸清楚逼婚人的思路：他们最常问的问题是什么、他们认为结婚最大的好处是什么、为什么会劝别人结婚、出于恶意还是无心插柳、哪些是逼婚必答问题、哪类人思维开放，适合继续对话、哪类人可能思维封闭难以说服等。摸索了一段时间后，深入思考上述问题。想到一些办法后，我还记忆了大量的相关资料，这样每次应付逼婚都可以做到要数据有详尽数据，要例子有鲜活例子。

再之后，我就会带着思考，进入新一轮的试验阶段，把经过提升的反逼婚策略重新用一次，检验效果。我甚至把战场延伸至非反逼婚的场景中，如坐的士时，我会故意引出单身话题，和的哥一起探讨，试探他的看法和对我的策略的反应。这种做法，通常能试验出一个人的思维开放度以及反逼婚策略的可行性。

一轮又一轮的试验和训练后，我总结了一套反逼婚的方法，并把反逼婚系统化。逼婚和反逼婚，比的就是谁的表达能力更强，知识储备更多，讲道理的水平更高。得益于反复练习，只要进入反逼婚状态，我的迟钝瞬间消失，人也变得善于察言观色，只要听对方说上几句，大概就能猜到他的思路。我还会根据对方叙述的生活状况，数秒内为其量身订造一套策略，用对方能接受的方式，来谈论大龄未婚这件事。

我遇到的99.9%逼婚的人，听完我对婚姻的见解，了解我现在的生活后，知道我对不结婚引发的养老等问题已做好准备后，都非常乐于接受“我还没有结婚”的现实。在反逼婚的调查和练习过程中，我非常认真、严肃地聆听不同逼婚者的声音。基于我的经验和观察，我发现逼婚是一种思维惯性，是一种喜欢探询他人隐私的行为，也是表达友好、关心的方式之一。我想，造成逼婚的原因，很大部分其实不能归责于个人。生长在这样一个崇尚赞美婚姻、视分享隐私为关系亲密标志的社会，人往往不知不觉跨越本来就不清晰的界线。而我要做的是，告诉逼婚的人我的感受：我不喜欢谈论这件事，并向他们提出明确的诉求——

不要再询问，否则会影响我的生活。从试验的效果来看，大部分人经过对话之后，很理解和尊重我的选择，并满足了我的需求。

有能力保护自己的权益，诉求得到伸张，是对自我莫大的肯定。练习多了功力便见长。2014年11月，我贪玩下载了世纪佳缘的APP并注册了账号，几天后收到红娘的电话，她约我到她的办公室面谈，好帮我早日找到老公。我马上明白这是来推销红娘服务的，一问一答几个回合下来，有些小争执时，我一口气向她表达了我对婚姻的看法，我一点儿没有停顿，根本没有给她反驳的机会。她发现说不过我时，敷衍说“我们是很严肃的网站”，言下之意认为我不着急结婚却注册是不严肃的举动，我马上回答“我也很严肃的，所以没有贸然上传头像，怕辜负他人的期待”，她打了两下哈哈就挂电话了。

这是我反逼婚多年的经验、思考以及调查、练习的大爆发。作为不被理解的少数群体（其实20岁以上的未婚者超过1亿，从人数上来说并不是少数）中的一员，要赋权，发声，获得理解，宣扬自己的主张，必须内心是自我肯定的，同时掌握足够的信息，具有良好的沟通技巧，努力建立和推动良好、平和的对话和交流。在交流无法平和进行下去时，就要做出选择，可能是中断对话，必要的时候还要像西方政客在议会上陈述主张那样，不顾一切地表达，直到充分表达为止。当然，这种策略并不常见。更常见的情况是，耐心倾听逼婚者的声音，巧妙地理论与周旋。每一次较量，都需要采取不同的策略。至于什么策略，视乎与对方的关系亲疏、逼婚场合而定。其中，有一些准备工夫是共同的，就是自己要有一套逻辑自洽的应对体系。经过若干次练习，基本就可以信手拈来了。

反逼婚这本书是“无心”之作。2014年7月时，为了推广《中国剩女调查》，我在多个城市做了很多场讲座，经常遇到诉说父母逼婚苦恼的读者。《中国剩女调查》用了相当大的篇幅讲述未婚女性与父母的关系，逼婚是其中很重要的内容。讲座上读者的反馈让我意识到，反逼婚可能是剩女去污名化过程中必须经历的一场“战役”。2015年春节期间，我和上海的情感专家Steve老师联合在网上举办了“今年春节别逼婚”活动，回答了很多读者的反逼婚咨询。再次深感被逼婚已经为未婚男女青年，尤其是单身女性带来很大的困扰、烦恼或压力，我梳理了自己的经验与实践，利用《中国剩女调查》中的部分研究结果，总结最近一年来在反逼婚咨询中的经验，写成了这本书。我建立的反逼婚策略是一个系统化的体系，一共包括四个方面，分别是必须坚持的理念、要达到的目标、必须坚持的原则和具体的策略，核心是通过对话和沟通解决问题，希望向广大单身者传授一些沟通技巧，帮助他们从另一个角度认识婚姻，与自己、父母、朋友、同事、邻居以及人生中遇到的每一个人，理顺和建立健康的人际关系，成功争取坚持个人生活方式的权利与自由，让单身生活更被理解，更受尊重，更平和，更幸福。

逼婚 3 经典问题

年纪大了找不到怎么办

年纪大生孩子怎么办

老了没人照顾怎么办

开篇

理直气壮
伸张你的
生活方式

单身人群有多庞大？根据2010年第六次全国人口普查数据，未婚男女的总数达2.3亿人，加上离婚的1456.3万和丧偶的6005.3万，单身人群超过3.0亿人，而已婚人群是7.5亿人，也就是单身人群的2.5倍而已。

单身的人不但人数众多，还活得很自在。一个婚恋网站发布的2014年婚恋状况报告显示，高达67%的单身女性和45.6%的单身男性对单身生活感到满意。他们很适应独处，在独处的时间里活动也很丰富，和朋友聚会、在家上网购物、追电视剧、玩游戏等，或者只是安静地待着。和媒体所呈现的车轮战相亲式的生活不一样，他们花在相亲上的时间非常少，男性只有2.1%，女性只有2.0%。这些数据说明，相亲只是单身男女生活中很小的一部分，媒体和大众的误解太深。

艾里克·克里南伯格的《单身社会》称，单身社会正成为一次空前强大、无可避免的社会变革。然而，在以异性恋家庭为主流的社会，婚姻生活被视为每个人的人生终极目标，所以“不是在相亲就是在相亲的路上”成了大众对单身生活的想象。在惯性思维模式的支配下，社会的隐私观念尚未唤醒的情况下，绝大部分人不分场合地询问个人的情感状况，把婚姻和家庭作为社会交际的话题，带着好奇或异样的眼光审视单身者，使得反逼婚成为单身生活非常重要的议题。

逼婚的人会是父母、亲戚、同事、朋友、邻居、陌生人，他们与单身者有着或近或远的社会关系，由于数量众多，他们的逼婚把单身者置于一个密不透风的包围圈，这决定了逼婚具有高频次、重复频率高的特点。由于社会文化的支持，逼婚者往往拥有巨大的心理优势，反逼婚要通过不断地理性沟通，对单身这种生活方式进行伸张，才能获得逼婚者的理解和支持。借此，单身者也能在反复的伸张中对单身状态进行重新的思考，提高个人的沟通技巧。在本篇中，我会先讲述反逼婚需要注意的几个原则性问题，针对不同人群的反逼婚策略会在后面不同篇章依次展开。

爱情和结婚不是生活必需品

选择结婚的原因有很多，遇到真爱、经济利益捆绑、迫于年龄压力、满足父母的期待、想生孩子、无法养活自己、出于养老考虑等。

选择不结婚的原因也有很多，没有遇到真爱、父母或社会舆论压力不足以迫使其就范、热爱自由、很享受一个人的生活、不想做家务、担心被家暴被强奸却得不到有效救济、自己可以养活自己、凭一己之力能够解决养老问题等。这些原因，用一句话来概括就是，不结婚也能活下去。

对人有基本的信任都能推理出这样一个常识：当结婚和吃饭、睡觉、上厕所一样重要时，大家肯定早早就结婚了。中国的未婚群体在过去20年间变得越来越庞大，只能说明一点——婚姻不是生活的必需品，不结婚也能活得好。因为没结婚而焦虑的人，常常未能正视婚姻在其生活中的角色。明明可以安静地生活，却给自己设定结婚的任务，比如一定要在30岁之前嫁出去，一定要在35岁之前娶老婆。但是，结婚需要另外一个人的配合，在合适的时间遇到合适的人才能了结此事。凡是对婚姻有情感要求的人，结婚很多时候都是可遇不可求，不解除一定要结婚或一定要在某个年龄段结婚的执念，就容易陷入一种欲求而不得的焦灼状态。

有的人貌似尊重未婚者的选择，“不结婚也没什么，是你自己的选择”，却又提出新的要求，“但你得谈恋爱”“一定要谈恋爱”，变相给单身者的生活设立新的标准。在这种新标准的规范下，即使单身生活简单开心，一个人优哉游哉挺好的，可不谈恋爱始终是个遗憾，单身的人又会自我怀疑起来：“我怎么谈不了恋爱，是不是我有问题？”“不谈恋爱也很开心，我是不是不正常？”“好想谈恋爱，可是觉得一个人挺好的”……生活被横加指责，常常导致单身者陷入自我怀疑的泥潭。

可是，恋爱同样不是生活必需品，每个人都有足够的理性决定是否要谈恋爱、什么时候谈恋爱。如果一个人觉得打游戏比谈恋爱带来的快乐更多，宁愿天天在家打游戏也不交男女朋友，那对他来说这样的生活就是最好的。哪天他想谈恋爱了，再去找一个男女朋友，没必要为了满足与自己生活无关的人所设定的规范，放弃给自己带来快乐的东西，琢磨怎么交男女朋友。每个人都有权定义什么样的生活才是最好的、最适合自己的，而且这种权利是排他性的，其他人不能干涉。每个人都需要不断探索，找到最舒服的生活方式，然后坚持下去。没有谁比我们自己更有资格评判自己的生活。

所以，我们要冷静客观地分析，并用心去感受，没有爱情和婚姻的生活是否真的很糟糕，这种状态下的你开心、满足、快乐吗？单身生活的不如意是否因为缺乏婚姻或男女朋友所致？如果不是，是不是你对单身生活有偏见，给自己制造了幻象式的困恼。若你真的想改变现状，就去努力；若不是，就放下偏见，让焦躁的心平静下来，好好生活。

经济和精神独立，消除自我怀疑

要想有独立人生，就必须经济和精神独立。经济基础决定上层建筑，也决定了你和父母之间的权力关系。经济独立是对抗父母逼婚的硬性条件，接受父母的资助买房，需要父母接济才能维持生活的人，没有和父母谈判的资本。若是如此，单身生活轻松愉快还是充满紧张和对立，取决于父母的意愿。若是父母克制，给你足够的自主空间，尊重、支持、信任你的选择，即便你大龄未婚又不谈恋爱，也会毫无压力。若一旦碰上控制欲强烈的父母，将会引发家庭内部的对决。尽快自力更生，在经济上实现自给自足，能让你在忍无可忍时立即远离父母这个最大的逼婚压力源。

经济独立却依旧活得痛苦的单身人士其实不少，他们自我怀疑，“是不是我运气不够好？”“什么时候可以结束这种状态？”“我这样真的好吗？”……造成这种情况的主要原因是没有建立起独立的价值体系以支撑单身这种生活方式，并坚定地保护它，实践它。对结婚问题没有自己的见解，人云亦云，随大流渴望结婚，被主流价值观牵着鼻子走，就会发现大龄未婚的自己偏离了社会规范，不主流，不正常，从而焦虑紧张。主流社会认为，单身是一种待定的、肯定会被结婚改变的存在状态，甚至连很多单身者自己也有这样的想法。客观地说，对大部分人来说这种判断是对的，因为终身不结婚的人只是少数。可是，秉持这种观念，对单身没有独立的判断，把结婚视为正常、需要追求的状态，会让单身的你不断自我怀疑。即便单身生活相当富足，内心仍然会动荡不安。所以，单身者的心理建设必不可少，除了经济不依赖他人，形成一套独立的价值判断体系，对捍卫单身者的精神世界尤其重要。

那么，如何看待单身？单身和结婚的地位同等重要，都是可供选择的生活方式，身处其中的人都需要追求让自己舒服和幸福的状态。领取一个结婚证进入婚姻，需要好好经营才能有幸福的婚姻，在婚内需要处理好与丈夫、孩子、公婆、亲戚等的关系，会让个人得到成长。单身何尝不是身处多种关系中。你需要处理和自己的关系，和父母的关系，和朋友的关系，和工作的关系。这两种生活，内容可能相差很多，但本质上会殊途同归，就是个人会在处理不同的关系的过程中得到提升，变得包容、成熟、稳重，完成个人成长。单身和结婚是绝大部分人必经的人生阶段，一辈子不结婚的人很少，一辈子未曾单身的人也非常少，人生的幸福其实包含了单身的幸福和结婚的幸福，只有两个阶段都幸福了，才能组成幸福的人生，缺一不可。

婚姻有自己的一套仪式和标准，其实单身也有。比如单身的人吃饭，专注于与食物的对话，而不具有家庭进餐所承担的社交功能，但如果用家庭的标准来看，一个人吃饭就是孤独的、可怜的。所以，单身的人必须有自己的价值体系，你过得怎么样，单身生活就应该是怎么样的，而且应该理直气壮，因为这就是你践行的单身生活，标准应该掌握在你的手里。你的生活经验、你的感受就是最权威的标准，你不需要时刻拿着家庭生活的标准，审视和度量自己的单身的生活，稍有不一致便加以改变，因为单身者不必遵循婚姻家庭生活的标准。

即使同为单身，你也不必参考其他单身人士的生活。单身是不约而同的选择，会有很多共通的地方，但如何展开生活仍然是你个人的事，哪种活法最能让你快乐，你就应该怎么活着，不要受制于其他单身者。当你坚信单身生活的经历对你的人生意义非凡，当你不再纠结于身处单身的状态，你才能和自己共处，心平气和地开展你的单身生活。

重整单身朋友圈，争取情感支持

单身群体的确在壮大，而且飙升的速度令人咋舌，但要找到同类人串串联，互相帮助，互相支持，需要单身者有意识的努力。随着年龄的增长，大龄男女青年都会有这样的体验：以前的兄弟、闺密结婚之后不是那么容易约出来了，他们的娱乐活动从以个人为单位变为以家庭为单位，话题也越来越不一样。疏于联系之后，你有烦心事想找朋友倾诉，有事要找朋友帮忙，翻遍手机的通讯录却找不到可以打电话的人，你会感觉自己已经没有真正的朋友。单身和已婚的人的生命历程从结婚起开始分化，大约30岁起，单身者普遍面临重整朋友圈的任务。这个任务很重要，朋友圈的土崩瓦解意味着你可能失去情感支持，但幸运的是，友谊的替代性很强，这个朋友因为结婚离你远去，就能认识新的朋友，变成好朋友、老朋友。

所以，当你发现朋友圈失去往日的繁荣时，最好的办法是一边努力维护老朋友之间的友谊，一边努力开拓新朋友，为朋友圈补充新鲜血液。你对单身的坚持需要他人的情感支持，单身的朋友最能提供你所需要的支持。相似的生活际遇让你们有相似的话题、相似的生命历程，遇到相似的困难，抱团取暖是对抗压力的最好办法。

认识单身朋友的办法有很多，可以从线上线下两个方向入手。线上社交工具包括微博、微信、QQ等，线下可以多参加讲座、读书会、分享会、兴趣班等同城活动，用实际行动扩大社交面，从中挑选出合适的人选，发展新的友情。

发展新朋友的同时，有一件事很重要，就是要清理对你造成伤害的老朋友。这种伤害是不认同、不支持单身所导致的，就算是关系很要好的朋友，对单身的看法也可能因此分道扬镳。他们通常是已婚人士，带有优越感，对仍然单身的你多有指责，要求你改变，比如说你太挑剔、要求太高，让你多打扮增加女人味等。这种行为很容易给单身者造成伤害，而且关系越密切伤害越大。对这类朋友，应该直接提出你的诉求，要求对方停止，之后视情况采取两种策略：改正的继续来往，拒不改正仍然高高在上，和她相处感到不舒服的，适当疏远，保持一定的距离。友谊应该是造福双方的，但两人的相处并非总是愉快的，我们需要检视友情，修正自己给对方造成伤害的行为，被对方伤害了要勇敢提出来，而不是一味忍耐。若是伤害持续不结束，说明这段友情不值得继续下去，就要当断即断。拒绝带来伤害的关系需要果断和能力，而这份能力和勇气又决定了单身的人能否为自己建立起支持性的朋友关系网络。

直面逼婚的现实，不闪躲不逃避

一个女孩告诉我，她是这样应付闺密妈妈的逼婚：第一年，阿姨说要抓紧时间啊，她回答我会抓紧的；第二年，阿姨说找到没有啊，她回答正在努力找呢；第三年，阿姨问也快了吧？她说快了快了。第四年怎么办？和她谈起这个问题时，是十二月份，马上就要回家过年，又要见到闺密的妈妈了。她告诉我说，到时候再说吧。的确，我这个朋友的每一次回答都能过关，顺着老人家的话说，瞬间化解问题，相安无事。但前提是，她每年只见闺密妈妈一次，完全可以采取这种策略。可是，如果是父母，这种策略肯定会失效，父母肯定会看穿你的敷衍态度，而态度不端正是反逼婚的大忌。

现实就是，面对逼婚，大部分单身者都选择了躲避，不敢直面矛盾。有婚恋网站2013年的调查显示，面对父母的逼婚，55.9%的男人和65.9%的女人首选是“躲”，接着第二位就是降低择偶要求，28.5%和36.8%的男人都会赶紧找对象。之后，女性会直面矛盾，有16.8%的女性会跟父母吵架作为反击，迫使父母停止逼婚的行为。男性却不选择吵架，而是找异性朋友假装女友安抚父母，这样做的比例达到16.2%。在对结婚问题有分歧的情况下，躲避、将就结婚、吵架和假装有女朋友都无法彻底解决问题，而且有可能令误会加深。

闪躲是一种很糟糕的体验。你发现自己被攻击、被伤害，却一味后退，毫无反击之力。你会怪责自己软弱，你会怨恨没有人考虑你的感受，你会认为都是他们的错。这种理解都是对的，但问题是躲闪并不会令问题得到改善，反而可能会更糟糕。其他人从你的退缩中得到鼓励，会更频繁地指责你，相应地你受到的不尊重和伤害也会更频繁。改变的唯一方法是：你迎上前去，来一记漂亮的反击。

我提倡，要勇于直面矛盾焦点。父母催你结婚，你就坐下来好好向他们解释，你单身的原因是什么，你想不想结婚，遇到什么困难。同事让你抓紧时间结婚，不要因为太挑剔错过适婚年龄，你就不卑不亢地表达你的态度，究竟是保护个人隐私还是向他们交代感情状况，要视具体情境而定，而不要再像过去那样，或心里自卑，不好意思，或深感厌烦却不敢表达，只好遮遮掩掩，打个哈哈应付了事……当你能够畅所欲言地表达你的想法，你不会因为单身而自觉低人一等，说明你真的敢于面对现实，这也是就反逼婚进行沟通的前提条件。

不敢坦然和他人谈论大龄未婚有很多种原因。我想在这里说两个，一个深层次的原因是单身者的内心并未完全接纳单身状态，认为年纪大了没结婚不好意思或者丢脸。另外一个原因是不知道如何和对方沟通。这意味着，要想反逼婚成功，一是要改变观念，二是要学习沟通技巧。掌握沟通技巧并不难，关键的是要对单身进行重新思考，彻底接纳单身的自己。

做好情绪管理，用沟通解决分歧

直面他人的好奇和催促之后，就要通过语言沟通、化解对方认知的偏差和误解，纠正、说服对方，获得对方的理解和支持。在这个过程中，会有很多困难，其中一点是做好自己的情绪管理。

中国社会向来缺乏沟通的习惯。大多数情况下，遇到意见不合的人，说不到两句就会吵得面红耳赤，严重的会引发暴力，拳脚相向。既然从小就缺乏自我表达，聆听、倾听不同意见的练习，自然不懂如何应对，不具备这种能力，而反逼婚成功必备的技巧就是我们所缺乏的沟通技巧。而要掌握这种技巧，首先要听听对方怎么说。你要做的就是，耐心聆听对方的疑问，找到问题焦点，真诚地表达你的看法和态度。

试想一想，如果你没说两句就发脾气，给别人脸色看，只会加强对方对你的刻板印象：脾气那么古怪，怪不得剩下。要记住，你已经是成年人，成年人如何沟通，你就应该表现出成年人应该具备的稳重，取得对方的信任。在获得信任的前提下，沟通能事半功倍。

在我的反逼婚经验中，从父母、亲戚、朋友，到地铁上遇到的陌生阿婆，每当我认真而真诚地告诉他们，我很享受单身的状态，我为什么30多岁仍然未婚，他们都很认可我的选择。当然，有的人并不认可，认为女人始终要结婚，有自己的家庭，安度晚年才有保证，若对方是开明讲理之人，我会继续动用储备知识与他探讨这个问题，若嗅出对方的思维比较保守顽固，我会适可而止，中断对话。对话的结果可能并不理想，但自始至终双方是愉快的，这完全得益于我的情绪管理做得好。

沟通的结果有很多种，而且高度取决于沟通对象，取得理解和支持是最优的，但并非常常可以得到，有时会求同存异，有时会是转移话题，停止对话。不过，生活中蛮不讲理的人毕竟只是少数，对单身有误解的人大多由于缺乏对话和了解，在沟通中做好情绪管理，开诚布公，有助于消除分歧，即便分歧仍在，你也尽力了，无须强求结果。

做好情绪管理不是一件容易的事。对方一句话，一个眼神，随时会触发愤怒的火花，勾起伤感的回忆，前一秒平静如水，下一秒即翻江倒海，波涛汹涌。对自己不必太苛刻，情绪被挑动起来再正常不过，只要你一直在进步，自我控制的能力在增强就非常值得嘉奖了。

灵活运用策略，坚持表达权利

反逼婚策略有很多，需要灵活运用。这取决于反逼婚的目标以及逼婚者与单身者的关系远近。面对父母，在坚持婚姻自主原则的前提下，尽量取得他们的理解和支持。如果是路人，你完全可以一笑而过。不是每个人都会认可和支持单身，也没有必要都得到他们的认可。根据逼婚者对你生活的影响的大小，有针对性地解决问题，可以让反逼婚花费的时间性价比更高。

反逼婚是一个长期的过程，观念和行为的改变都需要时间。你要做的事情就是，掌握反逼婚策略之后，根据具体情境采取适当的策略，进行说服和沟通，坚持和不断重复表达。不是所有沟通都会微笑说再见，有时会不欢而散，有时会起冲突，你没必要一定要吵到底。见好就收并不是失败，时机也很重要。

沟通的本质是和平解决分歧，冲突和争论只会伤害彼此之间的信任与感情，在争吵发生之前及时浇灭火苗有助于避免伤害。暂时停止讨论，不表示你的输或赢，缺乏平和理性，即便对方口头上服软，其实并没有说服他。要记住，单身是你对生活的自主选择，是你的权利，没有人可以剥夺。在所有人都谈论婚姻隐私的社会，坚持不懈表达你的权利，伸张你所选择的生活方式，才能获得真正的认可。如果你无法从外界获得足够的支持，内心对捍卫个人权利的坚定，是你最强大的精神武器。这种信念会像一架发动机，源源不断地为你输送坚持“战斗”下去的动力。

逼婚烦扰了单身者，反逼婚又重整了他们的生活。正视逼婚的无处不在，不再把头埋进沙堆当鸵鸟，是单身者重整生活的第一步。开启反逼婚之旅后，你要重新审视内心对单身的态度，思考单身和结婚的关系，你要鼓励自己抬头挺胸，以独立平等的姿态面对已婚者的探询和拷问，要拿出十分的勇气和智慧，消除盘旋在你周围的逼婚暗流，实现为当下的自己伸张权利的目标。虽然你从小缺乏为自己发声和争取、捍卫正当权益的训练，但经反逼婚一役之后，你会收获自我肯定，自尊的提升，表达能力的强化以及捍卫个人权利的勇气和技巧。同时，你学会了聆听，根据对方的诉求解决纷争，你逐渐能理解他们的行为，你不再怨恨他人，你学会理解和宽容，你会为自己用积极的行动改变现状感到骄傲，你会感受到自己的心是滚烫的。这就是反逼婚会带来的不经意的收获。

反逼婚
之
对象篇

自己
获得给予自己幸福的能力

◎ **理念**

爱情和结婚不是生活必需品
结婚是个人选择和个人自由
开心自在的生活就是最好的

◎ **目标**

消除紧迫感，不再急于结婚
认可单身，自信地一个人生活
重新审视婚姻，形成独立判断

◎ **原则**

拒绝为爱情自我伤害与贬损
尊重女性的男人才值得你爱
从工作中获得经济安全和幸福感
完成单身时期的自我探索与成长

俗话说“宁拆十座庙，不毁一桩婚”，社会文化把婚姻的神圣性置于宗教信仰之上，我却经常鼓励婚姻生活不幸福的女人离婚。因为我知道，女人要离开不幸福的婚姻实在太难了，除了考虑经济、孩子的因素，周围的舆论足以让她止步。如果我的鼓励能在她们追求幸福的道路上提供点勇气和支持，深感荣幸。

一个25岁的女孩在微博私信我说，她将就嫁了。丈夫是父母介绍的对象，但不是她想要共度一生的伴侣，不过她没有拒绝。我劝她趁着还没有生孩子，赶紧离婚。在我看来，为爱情结婚应该是女人必须坚持的底线。她马上反问我，“我都25岁了，哪还有男人要我？不是说离就离的。”

她的回答吓我一大跳，原来年轻女孩的结婚紧迫感已经如此强烈。找到一个男人接受比个人幸福更重要？我禁不住想，把结婚这种形式等同于幸福是多少女孩犯的错误。我希望她不要委屈自己：“如果你害怕离婚，以后万一遭遇家暴或不如意，你也没有勇气离开的。”她回答我说：“你说对了，若真的如此不幸，我大概也不会离婚。”她还请我转告其他女孩，一辈子很长，慎重考虑之后再做决定，不要像她那样。

我很感慨，她明知自己走进了泥潭，却没有勇气走出来。她才25岁，假若能活到75岁，她还要熬50年，以后的生活真是难以想象。这个时代已经给女性提供了比以往任何时代都丰富的选择，女人只要有一份工作，能养活自己，就有条件选择想要的生活。但在全民逼婚的环境下，单身女人的压力很大，内心时常被迷茫、焦虑和对未来的恐惧笼罩，尤其是年轻的女性，可是即便外界的压力再大，也只有女人自己才能坚守。因承受不了压力选择错误的人，苦果只能自己尝。

当女人自己也想不通时，最容易将就嫁了。父母逼婚，可以离家出走；同事逼婚，可以鱼死网破；朋友逼婚，可以绝交；陌生人逼婚，可以扭头就走，只要内心是坚定的。但是，坚定或不坚定，只是在一线之间，而这源于单身女人所担忧的系列问题。

在单身的日子里，女人会对自己进行全方位的思考：我为什么没有结婚，年纪大了找不到人结婚会孤独终老了吧，年纪太大生不出健康的宝宝怎么办，老了失去生活自理能力没人照顾怎么办，朋友都结婚了再也找不到人陪我了，为什么我和其他人不一样……

在这一篇里，我会回答逼婚最经典的三个问题。这三个问题，是单身女性最恐惧的，也是所有逼婚的人必定发出的问题。这些问题反映了家庭所承载的抚育子女、照顾老人的功能，以及社会对女性年龄的苛刻、对生育的认知偏差。解开这三个问题所形成的心结，“剩下”的焦虑基本可以消除。

第一个问题：年纪大了找不到怎么办？

这个问题常常令未婚女性毛骨悚然，尤其是35岁以下的年轻女性。它的惊人之处在于，指出了社会现实对女人的残酷：太晚结婚，好男人都被抢走了，年纪大的女人只能嫁给条件很差的男人，也可能一辈子都结不了婚。大龄未婚女性的体验的确如此，相亲的男人条件越来越差，离异的、丧偶的、学历收入远不如自己的男人，而20多岁时的相亲对象条件是最好的。

为什么会这样？首先是择偶池缩小导致的。大部分人都会在30岁之前结婚，30岁以上的未婚男女的人数会急剧缩小，之后一部分人在30—34岁这个年龄段结束单身，然后是35—39岁，进入40岁之后单身的人数不管男女都很少了。由于择偶偏好的原因，女性的择偶范围比男性小，年纪越大可选择的余地越小。另一方面，大部分男人仍然以年龄和生育功能衡量女性的价值，大龄女性常常被嫌弃太老，“年纪太大，生孩子不好”是主要的原因，为了追求优生优育，男人更倾向于与年轻的女人结婚。社会大众对这个现实有清醒的认识，提到女人的婚事，几乎所有人都会“好心”地提醒女人：“年纪大了找不到怎么办？”

女人年纪大了真的很难找到老公吗？这个问题可以拆解成三个小问题：1. 女人终身不结婚的概率有多大？2. 为什么一定要结婚，不结婚就不幸福吗？3. 结了婚就一定幸福吗？

中国有多少女人会一辈子不结婚？其实中国仍然是一个婚姻主导型社会，绝大部分人都会走进婚姻。按照第六次全国人口普查的数据，60岁及以上的老人中，终身不结婚的男性比例为3.26%，而女性仅有0.37%[1]，比例相当低。这样看来，男人和女人不结婚比结婚可要难得多。不过，这是2010 年的情况，社会仍然在向前发展，以后会发生变化吗？我认为中国的晚婚不婚现象会出现日本化的现象，即不结婚率会

[1] 周苗，《我国老年人口婚姻分化现象及其对养老问题的意涵——基于 2010 年中国综合社会调查数据的实证分析》，《西北人口》2015年第4期。

升高，推测未来的数据可以参照日本的情况。日本2010年的国势调查显示，男性的终身不婚率已经从1980年的2.6%上升至20.14%，女性则从4.45%上升至10.61%。根据中日两国的社会经济发展差距，日本1980年的数据对我国有比较大的参考价值，也就是未来我国妇女不婚率很可能会增长至4.45%。

即便达到日本2010年的水平，中国女性终身不婚率也就是10.61%，89.39%的女性还是会结婚的，女人一辈子不结婚始终是小概率事件，想结婚的女人完全没有必要担忧。若你真的成为了10.61%之一，那就只能说你中彩票了，高高兴兴地接受吧，早点开始做好计划。女人不结婚并不等于不幸福，通往幸福的路有很多条，结婚只是其中之一而已。退一步讲，用日本作家山本文绪的话来说，人生为什么一定要幸福呢，有一点点不幸也没关系嘛。

一辈子不结婚就过得不好吗？女人的生活质量高低，很大程度上取决于经济状况。有钱的女人不结婚也能过得很爽，没钱就算结了婚，也会是贫贱夫妻百事哀，女人结婚才会幸福是老掉牙的观念。我有一个女性朋友，今年50岁了，未婚，年轻时工作特别努力，如今事业有成，财富也有了，兴趣爱好特别广泛，整天忙得不亦乐乎。迷上插花，就组织了一个花友会，定期张罗聚会，聊天吃饭切磋插花技艺；迷上建筑，全世界到处飞地考察当地特色建筑；迷上禅修，又专门抽了半年时间去上课，静修，探索精神领域。每次迷上一样东西，就会结交一大帮同一个圈子的人，从中又发展了三五个好友，交友越发广阔。对比之下，结了婚的同龄女人容易被家务、孩子、婆媳关系等家庭事务纠缠，丧失追求美、欣赏美的时间和心情，单身却可以把更多时间投资在个人的兴趣爱好上，尽情呼朋唤友，也更有资本构筑坚实的友谊。只要你用心，单身生活可以经营得活色生香。

单身也能幸福，结婚却不一定能幸福。相信很多人都清楚中国式的婚姻存在的问题：家暴发生率高、婚内强奸非罪、无酬的家务劳动、女性的职业发展空间受到挤压等，这些会在反对父母逼婚部分有详细论述。在这里，我只想用两个例子来说明结婚真的不一定会带来幸福。

芸在微博上向我倾诉她为了减轻父母的担忧而结婚的痛苦经历。为了让父母安心，她嫁给了不喜欢的男人，半年之后离婚。她这样评价短暂的婚姻：不是为了爱情而结婚，等于卖淫。在结婚那半年中，她每天盼望丈夫出差，两人的日夜相对让她非常厌恶，做爱并不是享受，只是为完成夫妻义务而已。离婚休整半年后，她才原地满血复活，脸上恢复了往日单身时的光彩。

即便嫁给深爱的男人，婚姻也很难成为女人期盼的“温暖的港湾”。在一个微信公号里，我看到结婚3年的一个女人韵这样感叹：“我很孤独，老公永远听不懂我说的话，正如我不懂他的。我真的不想有婚姻，嫁给这个老公是找了个儿子，要操心，找了个爷要伺候着，太累了。每当他睡得迷糊把胳膊压在我身上，我会靠上他的肩膀，那一刻我多希望有港湾的感觉，可是，我的感受是，因为大家都在做梦，才会需要抱在一起。”

韵的婚姻以及她对婚姻的误解是相当普遍的，质量高的婚姻才是两个人的港湾，女人要工作、要生孩子、要做家务的中国式婚姻，只是男人的港湾，不是女人的。可现实是，大部分婚姻都是这样的。很多女人也知道，结婚之后会过得很辛苦，不过她们仍然非常渴望结婚，但又要求因为爱情才结婚，怎么办？耐心等待一个情投意合、又愿意分担家庭责任的男人，缔结一段高质量的婚姻，恐怕是想结婚的女人唯一的选择。

事实上，中国夫妻年龄差的变化显示，男人嫌弃女人年纪大只不过是假象。俗话说，女大三，抱金砖。无法接受年龄稍长的女人的男人，都是思想观念传统守旧之人。新一代男性的婚姻观已经发生了变化，越来越多男人不在乎女人的年龄，懂得欣赏成熟女性的美。有学者研究发现，姐弟恋、小丈夫式的婚姻所占的比例，几乎要和男大女小、大丈夫式的婚姻的比例持平了。刘爽和梁海燕利用1990、2000和2010年三期中国社会妇女地位调查的数据，研究婚配模式和夫妻年龄差的变化，并于2014年发表论文《90年代以来中国夫妻年龄差变动趋势及其原因分析》。这个研究显示，姐弟恋已从小众跃升为主流，中国的婚配模式已经发生了革命性的变化。

根据该研究，20世纪90年代，中国的夫妻婚配模式是“以同龄婚为基础的男高女低模式”。丈夫和妻子初婚时同岁的比例最高，占16.68%，“男低女高”只占13.32%，“男高女低”占了足足70%。不过，综合起来，夫妻年龄差的平均值也仅2.88岁。

到了2000年，婚配模式发生轻微变化，同龄婚的比例已经不是最高，尽管比例仍占16.54%，与1990年的16.68%相差不大。这个时期，丈夫比妻子大2岁的比例是最高的，为17.5%，“男高女低”的比例仍然高达68.09%，虽然比1990年降低1.91%，而“男低女高”的比例为14.37%，只比1990年的升高了1.05%。夫妻年龄差的平均值还降低了0.31岁，为2.57岁。

到了2010年，婚配模式已经有明显变化，主要体现在女高男低的“小丈夫”婚姻竟然与男高女低的“大丈夫”婚姻比例基本持平。同龄婚在这个时候的比例为16.74%，男高女低的比例迅速下降至43.13%，比1999年下降了26.87%，比2000年下降了24.96%，而男低女高的比例竟然占40.13%，比1999年和2000年分别上升了26.81%和25.76%，比一直占据主流的男高女低仅少3.0%。两位学者深入分析姐弟恋发现，年龄差主要在3岁以内，占21.92%，3—5岁的占10.22%，5—10岁的占6.65%，10岁以上的占1.34%。

看完以上数据，你还会纠结年龄的问题吗？谁说女人年纪大找不到人爱呢，社会静悄悄地改变了，女人自己也要顺势而为，改变思维，眼睛不要总是往上瞅，总想寻觅成熟稳重的男人。既然你已经成熟起来了，学会欣赏不成熟男性，爱情之路就会宽阔许多。

我经常对单身的女性朋友说，“赶紧努力赚钱”，等你有很多钱，男人随你挑。有一次，我甚至在朋友圈飙了一句“想结婚，先致富”。女人有钱更加容易结婚？没错。情感专家只会告诉女人，想结婚要先变得漂亮。的确有女人凭着年轻貌美嫁入豪门，但事实上，“漂亮”这层外衣不堪一击，社会上绝大部分男人都是工薪阶层，娶个有钱女人比娶个漂亮女人得到的实惠更加大，一个女粉丝就曾经向我吐槽：虽然她等了男朋友两年，但男朋友最后却选择和一个有钱的女人结婚，而不是她。更为关键的是，当女人自己有钱就可以拓宽择偶范围，也可以抵御婚姻的风险。

试想一想，没钱或收入一般的女人，包括一般的白领中产，凭自己的实力不足以承担家庭支持，只能选择经济实力比较好或至少是实力相当的男人，要么和丈夫一起努力，要么依靠丈夫，那她的选择范围就被经济条件限定了。一般来说，年龄较长的男性才有一定的经济积累，所以她就只能选择同龄或年纪大的男性。但是，若是女人工作特别努力，特别会赚钱，完全可以养活得起整个家，充当家庭经济支柱完全没有问题，大可向男人说一句“我负责养家，你负责帅气如花”，解除择偶的年龄限制，向收入一般的男性或者年轻男性勾勾食指。这样一来，你的择偶范围就大大放宽了，从符合法定结婚年龄的22岁到七八十岁，随便选。“想结婚，先致富”并非随口说说，即便最终你没有选到合适的男人，也赚了一把，至少养老和生活品质是有保障的。

万一你遇到一个爱的人，想和他结婚。你有自己的房子、车子、事业，或者至少已经买了房子，即便婚姻法不承认你的家务劳动，你可能真的为了照顾家庭放弃了很多机会，在职场上原地踏步，人到中年被老公“离婚”，但你至少还有一套房子容身，不至于流落街头。新婚姻法把女人结婚的门槛提升至有房子，结婚对女人来说变成一件奢侈品。女人没有自己的房子而嫁给有房子的男人，几乎等于飞蛾扑火，命运从此系在丈夫身上。只有当女人拥有自己的房子，她才获得拥有一段平等的婚姻关系的资格，才具有对不幸的婚姻说不的资本。如果你甘愿为爱情去冒险，这套房子就是你的安全绳索，在必要的时候救你出泥潭。不管从哪个角度来看，女人努力工作，多赚钱，都是唯一的选择。

另外，在择偶这方面我还想引用一项2014年4月复旦大学发布的长三角社会变迁调查的结果，用科学的数据打破“男人只喜欢美女”的刻板印象。我认为，这种刻板印象引起了女人的恐慌，从而成为护肤品、整形、美容行业扩张版图的助力。一定程度上，这句话正如“美女都喜欢帅哥”一样，是对的。美丽的景色、美好的事物、漂亮女人、帅气男人，谁都喜欢。问题是，爱不爱一个人，是否和她结婚，并不全由外表决定的，而且外表的重要性可能并没有我们想象的那么大。俗话还说“情人眼里出西施”，意思是因为爱你所以觉得你很美，结婚不一定是因为你长得漂亮，很可能是因为爱你觉得你漂亮。而复旦大学的研究用科学的调查颠覆了大部分人的刻板印象。调查显示，80后男性选择妻子时，最看重生活习惯、性格和智商，最不看重政治背景、星座和血型，非常相似的是，80后女性选择丈夫时，最看重的也是生活习惯、性格和智商，最不看重生辰八字、星座和血型。看到这里，你会不会松一口气，不再怀疑“可能我不够漂亮才结不了婚”呢？

第二个问题：年纪大生孩子怎么办？

高龄生育同样是对未婚女人非常具有震慑力的问题。在放开“单独”二孩之前，社会舆论一边倒地传递“女人年纪太大生不出孩子”“年纪太大生出来的孩子有问题”等所谓优生优育的信息，不客观也不全面。由于我国不允许单身生育，女人想生育孩子必须先结婚，一边是担心年纪太大找不到人结婚，一边害怕高龄生育影响孩子的健康，单身女性的焦虑就是这样加剧的。有趣的是，“单独”二孩政策实行之后，媒体自发减少了对高龄生育议题的报道，原因是相当大比例生育二孩的女人已经35岁以上“高龄”了，可见响应国家号召的高龄生育是受欢迎的，用高龄生育打击“剩女”只不过是驱赶单身女性进入婚姻。

如何看待女人高龄生育？我们必须从两方面重新解读这个问题。一是全面客观地认识女性高龄生育，二是重新思考生育在女人生命历程中的重要性和排序。

中文主流媒体一直在强调女性高龄生育的风险。的确，女人年龄太大才生孩子，对产妇本人以及孩子会有一定的负面影响。例如，女性怀孕的概率随着年龄的增长而降低，流产的风险随着产妇年龄增长而增大，新生儿某些先天疾病的发生率会随着母亲年龄上升。不过，我想补充几方面一直被忽略的信息：一是医学的昌明已经可以有效控制高龄生育的风险，二是高龄生育也有优势，有研究显示高龄母亲养育的孩子更加聪明，三是高龄男性高龄生育对新生儿健康同样有负面影响，四是生产只是养育孩子过程中很小的一部分，家庭的经济地位对养育孩子的作用才是决定性的。

唐氏综合征经常被用来攻击高龄产妇。研究的确显示产妇的年龄与婴儿患唐氏综合征有关联。然而不为人知的是，产妇并非引起新生儿唐氏综合征的唯一原因，父亲生殖细胞有丝分裂的失败也可能引起唐氏综合征。唐氏综合征也并非不可控，在高龄产妇中，唐氏胎儿可以100%被检出，非高龄产妇的孕检准确率反而差一些。也就是说，若每个孕妇都去做这项检查，检查又准确的话，高龄妈妈生下唐氏宝宝的可能性反而会低些。这说明，避免唐氏综征的最好办法是做好孕期筛查，而不是早婚早育。

另外，母亲的年龄与新生儿先天疾病的联系并非如我们想象般大，有些先天疾病的发生率随母亲年龄而下降。1991年加拿大一项针对43种病理不明的先天病的研究发现，只有3种先天疾病的发病率与母亲年龄有联系：婴儿先天性动脉导管未闭和幽门肥大性狭窄发病率随母亲年龄增大而直线下降，先天性胯骨脱位的发病率则与母亲年龄构成钟形曲线关系——母亲30岁以前随母亲年龄上升，母亲30岁以后随母亲年龄下降。

说完高龄生育的风险后，我们来看看女人年纪大才生孩子有哪些好处。由于西方越来越多女性为了实现个人抱负推迟生育，高龄妈妈人群不断壮大。针对这种现象，学术界不再把研究重点放在生育年龄给怀孕和生产带来的风险上，而是转向了母亲的成熟对孩子的影响。2012年发表的一项英美联合研究一举改变了多年来大众对高龄母亲的负面印象。研究者把1100个9个月至5岁之间、出生时母亲超过40岁的孩子与3.8万个年轻母亲生育的孩子做对比发现，40岁以上才生育的女性的孩子更加健康和聪明。这些孩子更少发生意外或需要求医，肥胖的风险更低。在5岁时的IQ测试中，这些孩子的得分更高，掌握的词汇量也更多。

如果说以上信息足以为高龄母亲平反，接下来我还要说说男性高龄生育，提示风险。我们的文化总是强调“老来得子”的喜悦，暗含对男性生育能力不受年龄限制的赞誉，却对男性高龄生育对新生儿健康的负面影响只字不提。在大多数人的头脑中，男人不管多少岁生孩子都没有问题。真的是这样吗?

早在1986年，北京大学医学部与亚特兰大疾病控制中心联合完成的一项科研就已揭示：以86类主要的和严重的新生儿缺陷的总和发病率来看，高龄父亲对新生儿健康的负面影响大于高龄母亲。该研究在亚特兰大市区1968—1980年间出生的婴儿中过滤出父母年龄记录齐全的284497名健康儿和6384名病儿作为样本，分别研究了父母年龄对孩子86种先天疾病总发病率的影响。分析结果显示了父亲的年龄与新生儿健康的清晰关系：40岁以上的男性生出缺陷儿的概率比40岁以下的男性高出20%。该文献称，在调查样本如此小的情况下，尚能够测出20%的差别，意味着父亲年龄与新生儿缺陷的关系是很显著的。然而，此研究未能找到母亲年龄与新生儿缺陷总发生率的关联。

养育健康优秀的孩子，生产只是万里长征的第一步，后天的抚育需要得到更多的关注。国外研究反复证明，家庭的社会经济地位对孩子的成长具有全方位的影响。这种影响从孩子出生前就开始，一直延伸到孩子成年期。社会经济地位低的家庭的孩子，从在子宫里开始就更容易发生“神经行为发育不良”，这些孩子出生时更容易早产、窒息和先天不足。出生后，社会经济地位低的家庭的孩子更容易遭受意外伤亡。这些孩子童年期更容易患呼吸道疾病、缺铁、发育迟缓、全身感觉障碍，他们生病的后果比条件好的家庭的孩子更为严重。1970年的研究结果汇总显示，贫穷、学历低的父母养大的孩子在童年时代智商较低。高学历高收入家庭的孩子的智商，平均比低学历低收入家庭孩子的智商高出25%。条件差的家庭的孩子不仅身体健康和智力受影响，他们也更容易发生精神疾患，青少年期适应社会的能力差，易发生抑郁。

国外早有数十年跟踪研究表明，只要孩子没有患影响自理能力的疾病，刚出生时不太健康的孩子只要成长条件优越，长大就比生下来很健康但是成长条件差的孩子有出息。也就是说，生下来体重不足、需要放在恒温箱的孩子，只要富养起来，将来在语言、空间感、情感和学习方面就可以比生下来白白胖胖但家庭条件恶劣的孩子强。

当你考虑生孩子的问题时，是否会从多角度思考，是否意识到经济实力会影响家庭和孩子的生活质量，是否会考虑到丈夫的年龄也会有影响？以上从多个角度列举了一系列的研究结果，目的是想补充和平衡中文媒体所宣扬的生育知识。这些信息至少可以证明，我们通过媒体接收的生育知识，是不全面的，准确性是存疑的，依据这些信息做生育决定并不妥当。

另外一方面，我想说说生育在女人人生中的排序问题。生育和婚姻一样，是改变女人命运的重大事件。比婚姻更严重的是，生育是不可逆的。婚姻不幸福可以离婚，但孩子出生后无法再塞回妈妈的肚子，一定要负责到底，刑法也有遗弃罪规范父母遗弃孩子的行为。比起婚姻，孩子更能捆绑女性的人生，所以女人应该更慎重地对待生育。那女人应该如何对待生育问题呢？在劳动力人口短缺，国家放开二孩的舆论环境下，女人有必要先探究自己真实的生育意愿。你真的喜欢孩子吗？想生一个还是两个？是否在心理和经济上做好迎接孩子的准备？女人的生育意愿会受环境影响而波动，找出内心最真实的答案，再作决定，才能避免沦为生育工具。

最后我想强调的是，生育并非女人的唯一人生目标。现在时代不一样了，除了丈夫孩子，女人可以得到更多的生命体验，工作、生活、出国留学、做公益、旅游、参加读书会等，都可以丰富女人的人生，让你有不一样的体验，收获视野变得开阔带来的从容、淡定。现代人寿命延长，即便你最后还是想结婚，也大可以在年轻时多折腾一下，多体验不同的生活。若是早早结婚生子，人生基本就不可逆了。孩子出生之后，女人的生活重心会转移到孩子身上，严重挤压个人生活。因此在结婚生孩子之前，有必要考虑清楚，你打算为孩子让渡多少个人权利，在两者之间取得平衡。

若你实在非常渴望生育自己的孩子，以上所说都清楚了，经济准备也做好了，但眼看年龄渐长，找到相爱的男人的可能性越来越低，那你就要衡量，是当单亲妈妈还是放弃生孩子，或者通过领养、助养孩子等方式，满足自己的需求，又或者放弃对情感的要求，将就结婚生个孩子。不同的决定，后果都会对你的人生产生巨大的影响，需要细细思量。

第三个问题：老了没人照顾怎么办？

这个问题潜藏了一个假设：结婚生育的女人，可以在老年生病或失去生活自理能力时，得到丈夫和孩子的照料，丈夫尤其是孩子是女性老年时期唯一能够提供看护照料服务的人。没有结婚的女人，不管是主动不婚还是找不到合适的对象被迫不婚，老年肯定得不到照料。

这是真的吗？首先，现在单身的大部分女人最后还是会结婚生孩子，这点在回答第一个问题时已经强调过。其次，三五十年前，养儿防老仍然是奏效的，但现在时代不一样了。婚姻带来的养老优势逐渐丧失，不结婚的人想得到照顾服务，也可以在市场上购买。一边是优势削弱，一边是劣势削减，老年人面临的养老和照料问题并不因结婚与否有太大的区别。

深入分析现代家庭面临的冲击就会发现，结婚为养老带来的红利已经变成幻象。首先，女人的寿命比男人长，加上中国夫妻一般是男大女小，大部分女人最后几年都会在丧偶的状态中度过，所谓“少年夫妻老来伴”对男人来确是真的，但对女人只是一个传说。例如，2006年福建省65岁以上的女性中丧偶者比例已升至53.3%，而2010年广州65岁及以上老年人丧偶的，男性只有14.49%，女性高达46.33%。中国老年人的问题，其实是女性老年人的问题，这里的女性老年人绝大部分是丧偶导致单身的。即使丈夫尚健在，年迈的妻子生病之后得到丈夫的照顾，概率也非常小。按照传统家庭性别分工，丈夫生病后多由妻子照顾，照顾生病的妻子的人，排序是媳妇、女儿、儿子，最后才是丈夫。既然如此，孩子就很重要了。

可是，现代社会中人的流动性大大提高了，孩子和父母在同一个城市生活的可能性在降低，父母已经无法再指望子女陪伴自己，或者年迈时提供长期的帮助和照料，比如有的父母在二三线城市住，子女在北上广深打拼，有的在欧洲、美国工作。即便是在同一个城市住，通常父母也会和已经成家的子女分开住，子女也只能利用周末和节假日探望父母，老人工作日怎么打发时间呢，都是只能靠自己和朋友一起度过。

若老人失去生活自理能力，孩子不在身边的无法指望子女，就算子女在同一个城市，也有自己的工作和生活，三五个月的照顾没问题，三五年恐怕就是大问题了。中国有一句老话，“久病床前无孝子”，需要子女在病床前没日没夜地照顾，端茶倒水，端屎端尿，再孝顺的子女也会嫌弃父母。

以上问题，有中国家庭的空巢率印证。2008年，中国城市老人空巢比例已达49.7%，比2000年增长7.7%，大中城市老年人的空巢家庭（包括独居）更是达到56.1%，而且空巢老人比例的增长之势不可逆转。有专家预计，到2030年，中国老人的空巢比例将达到90%。

老年照顾的问题真的那么可怕吗？在担忧老年失能之前，我们还要先问一个问题：你有多大机会失去生活自理能力，需要他人照顾？其实，从20世纪80年代起，全球老人的失能率一直在降低，而中国得益于生活水平和医疗水平的提高，老人的健康状况也越来越好。2012年，潘金洪等6位学者利用第六次全国人口普查的数据推算我国60岁以上老年人的失能率发现，我国老年人的失能率是很低的[1]。尽管不管哪个年龄段，男性老人的失能率都低于女性老人，但是综合来看，女性老人的失能率并不高。例如，75—79岁的老人中，男性的失能率只有4.01%，女性4.62%。而我国2014年人均预期寿命，男性是72.38岁，女性是77.37岁[2]。也就是说，大部分老人死亡前是不会经历失去生活自理能力的。

不同的城市医疗水平不一样，有的省份失能率高，有的省份失能率低，平均预期寿命也不一样。生活在大城市以及经济发展水平好的二线城市，人的平均预期寿命要长一些。万一活到80多岁怎么办？根据推算，85—89岁年龄段，男性老人的失能率为10.72%，女性老人为13.90%，这个数字算高吗？其实也不算，都上80岁了啊。若超过90岁，可能就要做好准备了，因为90—94岁的女性老人，失能率达到22.70%。可是另外一个问题又来了：你有信心自己能活到90岁吗？

还需要提醒的是，失能老人并不是我们想象的躺在床上一动不能动，吃喝拉撒都得有人伺候。按照国际通行标准，失能老人是指因年迈

[1] 潘金洪、帅友良、孙唐水、张吟鹤、薛晓华、周长青，《中国老年人口失能率及失能规模分析——基于第六次全国人口普查数据》，《南京人口管理干部学院学报》2012年4期。

[2] 77.4岁是2010年中国女性的平均预期寿命，于2015年9月22日国务院新闻办公室发表《中国性别平等与妇女发展》白皮书时发布，因统计问题有滞后性。

虚弱、残疾、生病、智障等而不能独立完成穿衣、吃饭、洗澡、上厕所、室内运动、购物等任何一项活动的老人（即失去日常生活自理能力的老人）。不能做运动或者出门买东西的老人，完全可以自己做饭、吃饭、睡觉，只要有人帮忙买买东西就行。所以对任何人来说，老年失能都是小概率事件，不需要担忧太多。

中国老年人不同年龄段的失能率（%）

年龄段	男	女	综合
60–64岁	0.86	0.90	0.88
65–69岁	1.47	1.55	1.51
70–74岁	2.57	2.77	2.67
75–79岁	4.01	4.62	4.33
80–84岁	7.04	8.69	7.97
85–89岁	10.72	13.90	12.68
90–94岁	17.37	22.70	20.96
95–99岁	20.37	28.36	26.05
100岁及以上	22.30	31.36	29.19
综合	2.52	3.35	2.92

看到这里，你可能会大松一口气，原来老年没人照顾的问题并不是那么可怕。不过，遇到紧急情况子女还是能帮上忙的，万一生病钱不够，孩子也可以在经济上给予支援。可是现在养育孩子的成本很高，我们还要从性价比的角度考虑：养儿防老值得吗？

有学者发现，由于就业压力的原因，在2005年，我国就有65%以上的家庭存在啃老现象，30%左右的成年人依靠老人供养。如今已经是2016年了，就业压力并未见缓解多少，而房价像坐了火箭一样蹿了上去，啃老现象恐怕仍会持续。花费巨额金钱、时间和精力养育孩子，就算真的失能，需要孩子照顾的时间可能就是几年而已。

怎么算出来的呢？根据2006—2008年济南市附近抽样调查，空巢老人中不能完全自理者平均年龄为74岁。也就是说，老人一般在74岁之后开始失去部分自理能力，而中国女性人口的平均预期寿命只有77.4岁。这意味着，平均每个女性自理能力不完整的时间大约只有3年多。这3年多需要人照顾的时间，完全可以花钱雇人，所以说养儿防老的付出和回报可能会很不成正比。

即使老年失能的概率很低，发生的可能性还是存在的，怎么办？老年寂寞怎么办？随着中国老龄化的加速，决策者也在寻找对策。对于大龄未婚的女性来说，不管以后结不结婚，最好的应对办法是攒足够的养老钱，万一生活不能自理，可以进养老院享受服务，也可以雇人在家照顾自己。有多少钱，就能享受多好的服务。

至于老年寂寞的问题，单身女性其实无需忧虑太多，研究发现单身人士的社交更加活跃，社交一辈子，交友广泛，老了找一两个搭伙养老的小伙伴，应该不是难事。现在的日本，朋友一起养老越来越普遍了。而在美国纽约，有一个专门的老龄化办公室为单身人士“配对”，寻找合适的室友，这样老年生活就有可以互相陪伴和互相帮助的人。

此外，政府相关部门其实也在探索如何解决老人陪伴的问题。例如在广州老人比较多的街道，有的实行年轻老人陪伴更老的老人，把陪伴时间储蓄起来，年轻老人变老之后，可以使用这些时间，获得更年轻老人的陪伴。另外一方面，政府也有购买社工服务，由社工提供定期探望独居老人的服务。

我相信，随着老龄化社会的到来，中国社会对老人养老的支持会越来越完善。与其担心可能不会发生的事情，不如抓紧时间勇敢地去过自己想过的生活，年轻时活得精彩，让人生没有遗憾，比起老年健康状况糟糕的情况下保命、续命更加有意义。

这个时候，你可能会提出质疑，就算不会失能，生病的时候还是希望有人照顾，心里才感到温暖。的确，人在生病时会特别脆弱，亲人朋友的关心很重要。但需提醒你的是，如果你真的长期一个人生活，你可能会练就“金刚之身”：特别注意身体健康，万一生病了赶紧自己吃药或者去看医生，你如此习惯这种生活，以至于你已经不认为生病时没有人照顾并非是悲惨之事，而是自己独立的体现，你会因此而骄傲。根据我对“剩女”的访谈，35岁以上女性的经历的确如此。再者，你没有结婚有大把时间交朋友，肯定会有三五知己、闺密、死党，生病的时候不可能没人关心、探望的。

回答完三个经典的逼婚问题，再说一下经常遇到的问题：将就结婚，离婚也比单身好。凡是能养活自己的女人，都有条件对婚姻提出情感要求——因为爱情而结婚。将就结婚的后果非常糟糕，女人对不幸福婚姻的忍耐度非常低。不同的研究都证明了，即使净身出户，女人也要离婚，而离婚之后，女人的幸福感会飙升。社会学的研究认为，男人的幸福感来源有两个，一个是事业，一个是家庭，而女人的幸福感来源只有一个，就是家庭。所以当男人的家庭不幸福时，他可以寄情于事业，减少在家待的时间，避免与妻子接触。若女人的婚姻不幸福，意味着她丧失了幸福感的来源。所以女人比男人更难忍受不幸福的婚姻生活，这就是相当一大部分女人宁愿净身出户也要离婚的原因。有的单身女人被逼急了就以为，将就结婚以后离婚了也比单身好。这是非常错误的想法。

从结婚到离婚，是情感上的折腾，身心遭受创伤，财物可能也会遭受损失。若是生了孩子，人生可能被孩子绑架，无法离婚，被迫重复上一辈人隐忍的生活。比起单身轻松简单的生活，结婚离婚繁杂又沉重，不能为了减轻逼婚压力轻易尝试。而且，逼婚肯定不是父母的终点，婚后肯定还会“逼生”，生完一个，他们认为不够还得生第二个，若他们认为离婚不光彩，即使你生活不开心，可能也会阻止你离婚。当父母的目的是操控子女的人生，强迫你按照他们认可的生活方式度过一生时，一定要坚决拒绝。在结婚这一关成功抵挡逼婚压力，宣示人生的主权，对你开展独立的人生具有重大的意义。

单身潮汹涌是社会大趋势

“嫁不出去”让女人害怕还有两个原因：一是误以为自己孤军作战，看不到单身群体的壮大，无法得到群体性的心理支持。一是因不了解终身不婚的人生会走向何处而恐惧，从而无法认同当下的单身状态，急于改变而不得，内心的渴望、需求没有得到满足，从而产生焦虑感。

相对之下，围绕婚姻的人生早为人知。鲁迅先生说过，地上本来没有路，走的人多了，也就成了路。千百年来，婚姻早就被当成了女人的“康庄大道”，女人会不假思索地认定自己一定会结婚，结婚就等于幸福，很重要的原因在于每个人的信息源被垄断：周围的人全部都结婚了，媒体也充斥着美好婚姻生活的描述。这些信息无孔不入，女人早早形成对婚姻的美好期待，正是婚姻的可预知性让结婚这种选择毫无悬念，更谈不上恐惧。结婚还是一种社会义务，和周围的人一样结婚生孩子，便能过上和大多数人一样的生活，既避免了和其他人不一样带来的异样眼光，能最大限度地靠近世俗意义上的幸福，也实现了社会对个人的期待，完成自己的社会义务，免受指责。即使婚姻不幸，尽管需要承受痛苦，但也能轻松地把责任推卸到对方身上，一句“遇人不淑”，个人就无须承担责任。

单身这条路，看不到前人引路，当然惴惴不安：前方路途是否平坦，一个人能否平安到达彼岸。在中国，可见的终身不婚名女人基本被污名化，事业有成就的女人被视为女强人嫁不出去的反面教材，陷入穷困生活的则是不结婚的恶果。不管如何，不结婚是所有遭遇的原因，即便实际情况并非那么不如意，为制造不婚的悲惨下场，也会被刻意遮蔽、扭曲。因此粉碎“嫁不出去”的恐惧，就是还原女人推迟结婚、终身不结婚的真实场景。

为什么“剩女”那么多？总是有人说国外没有“剩女”，外国女人很多三四十岁结婚，也不会遭到非议。这里的国外指的是现在的美国、英国、法国等西方发达国家。然而，梳理西方女性不结婚的历史就会发现，西方女性不结婚的自由并非是上天掉下来的馅饼，而是长期斗争的结果。西方尤其是西欧女人推迟结婚或者终身不结婚有很长的历史，文献研究最早可以追溯到16世纪。在17世纪中期，英国40—44岁的人中，有25%的人单身。在19世纪下半叶的西欧，法国和葡萄牙的一些地区，这个数字甚至达到20%或30%。在瑞士奥布瓦尔登州（Obwalden），1860年50岁仍然未婚的女人甚至达到48%。

西方对待这些女人的污名化比起中国有过之而无不及，嘲笑、可怜、蔑视、恐惧，一应俱全，最有名的是她们被称为老处女（spinster）。在17世纪仍然处于殖民地时期的美国，23岁以上还没结婚的女人就会被称作老处女，26岁还未婚的被叫做“刺鱼”，当时老处女被认为是有罪和邪恶的，社会担心她们威胁社会秩序。大多数社区都要求没有结婚的女人在有执照的家庭居住，而所谓有执照的家庭，是由体面、有财产、与教堂有关联的男人掌管的家庭。相比之下，未婚男人并不会遭到诽谤和谩骂。

英国1851年的人口调查发现，25岁以上的未婚女人数量达100万之多，人们纷纷讨论应该如何解决这个问题。一个叫威廉·格列的评论家提出要把这些多余的女人移民到当时还是荒芜之地的殖民地澳大利亚和新西兰，因为那里男人多，以防止独身成为模范，吸引更多女人抛弃婚姻。当时的心理学认为不结婚的女人偏离社会规范，是心理不正常的，给出的药方是想要变得正常就去结婚吧。医学和生物学论证称，女人是自身生殖系统的产物和奴隶，女人的一切活动必须围绕生殖活动开展，不生孩子会折寿。当时的内科医生说，老姑娘们注定了要比已婚的姐妹在身体上和情绪上遭受更多的疾病。可以说，和中国社会一样，对推迟结婚的女人，西方社会一直不遗余力地污名化。

但社会潮流滚滚，人们根据个人需求选择生活方式所形成的合力，有力地撼动了婚姻制度的主流地位。20世纪50年代至80年代，不结婚、同居、同性恋、丁克等人群逐渐壮大并被看见，西方社会逐渐接纳非主流之外的人群，不结婚的女人也因此得到了尊重和理解。

结婚从来都是亚洲女人的人生主基调，直到第二次世界大战之后才戛然而止。学者指出，在古代的亚洲，女人在家庭之外难以找到其他角色，由于经济发展的原因，亚洲社会也无法为女人提供工作机会，亚洲女性只有一条活路，就是结婚。第二次世界大战以后，席卷亚洲的工业化浪潮开始带来显而易见的变化。得益于女性的受教育权和工作权得到保障，亚洲各国的婚姻家庭出现了非常一致的“西方化”现象，就是越来越多女人在经济上摆脱依赖男人的命运之后，开始推迟结婚，或者不结婚。她们自主掌控是否结婚、什么时候结婚，职场的发展也让女性重新评估自己在家庭内的角色，使她们更渴望平等的婚姻关系，提高对未来伴侣的期望值。即使找不到合适的伴侣，她们仍然可以把单身生活经营得有声有色。

不结婚浪潮中，日本独领风骚。1960年，日本30—34岁未婚的女性只有9.5%，2005年已经飙升至32.0%，35—39岁的从5.6%上升为18.7%，40—44岁的也从3.1%上升至12.2%。即便是在不那么发达的泰国，2000年30—34岁未婚女性的比例也达到16.1%，35—39岁的比例为11.6%，40—44岁的为9.3%，45—49岁的也有8.0%。

在未婚女性掀起的这股单身浪潮中，中国也身处其中。尽管和其他亚洲国家比起来，中国的趋势并不那么抢眼，但和过去20年相比，变化又是巨大的。的确，和20年前相比，中国的“剩女”是越来越多了。全国人口普查的数据显示，1990年25—29岁未婚女性比例只有4.29%，但2010年已经飙升至21.62%，足足是20年前的5倍，而30—34岁未婚的比例增长更快，2010年是5.35%，而1990年只有0.64%，大约增长了8倍，是各个年龄组中增长最迅猛的。此外，35岁以上的未婚女性比例均比20年前有不同程度的增长，幅度最小的年龄段也翻倍了。这些数据也可以解释，为什么大部分人都发现自己身边总是有那么几个“剩女”，因为这个群体的确越来越庞大了。

如何看待“剩女”人数的增长？她们的出现意义非凡。女人推迟结婚是女性社会地位提高、社会进步的标志。女人的受教育权和工作权得到保障，女人靠自己就可以获得经济独立，不需要依赖丈夫生存，获得了不结婚的资本，才能对情感提出高要求，因为爱情而结婚。同时，“剩女”的出现和壮大，将有力迫使社会提高已婚女性的婚内权益，以吸引更多女人进入婚姻。众所周知的现实是，法律对已婚女性的保护尚不完善，女性在婚姻中的付出得不到承认。顺从社会期待进入婚姻，是很难改变这种不公平的，因为一旦进入婚姻，女人就会被绑架，丧失谈判的资本。但“剩女”不一样，她们经济独立，没有包袱，她们不结婚或者拒绝进入婚姻，就是无声但有力的抗议。这种集体行为将会带来巨大的社会影响，每一个单身女人都应该为自己感到骄傲。

尽管如此，“剩女”数量的增长并不意味着这个群体地位的提高。最近十几年来，社会舆论一直在贬斥“剩女”，污名化背后是巨大的资本力量逐利和国家规训的结果。早在90年代末期，没结婚的人还被尊称为单身贵族，这种待遇在2003年开始改变。随着世纪佳缘、珍爱网、百合网等婚恋网站对交友市场的开发，它们着力对未婚女性进行泼污，制造全面逼婚的环境，引发结婚恐慌，迫使未婚男女购买其服务获利。婚恋市场火爆起来之后，围绕婚恋经济觅食的利益相关者纷纷加入污名化“剩女”的行列，如《非诚勿扰》等相亲节目、情感专家、电商等。还有一点很重要的是，国家面临劳动力人口短缺的问题，女性晚婚或不婚，某种程度上会降低人口出生率，社会的人口再生产将成为问题，而家庭也需要女人承担抚育孩子、照顾老人的职责，单身潮的出现是国家不愿意看到的，所以我们才会看到电视剧、各种媒体不断制造逼婚舆论。在这种环境下，未婚女性因为单身普遍遭遇焦虑和迷茫，害怕年纪大了，一辈子结不了婚。从西方不婚女人的历史来看，实际上当越来越多女人推迟结婚，男人不得不接受现实，女人对逼婚的免疫力也会越来越强。

当单身女性面临巨大的社会压力时，单身男性虽然没有陷入舆论的旋涡，但压力也是不容小觑。例如，普通的大龄未婚男性被认为没本事，娶不到老婆，钻石王老五则容易被贴上有问题、没有责任感的标签，相亲时被女方怀疑，也影响职场晋升。尽管在过去20年，未婚男性的数量亦如同未婚女性一样，呈现巨大的增长。

1995—2010年我国未婚男女比例变化趋势（%）

年龄组	1995年		2000年		2010年	
	男	女	男	女	男	女
15–19岁	99.4	97.9	99.72	98.75	99.40	97.89
20–24岁	68.6	47.4	78.65	57.46	82.44	67.55
25–29岁	18.2	5.5	24.68	8.67	36.29	21.62
30–34岁	6.2	0.8	7.45	1.35	12.62	5.35
35–39岁	4.6	0.3	4.12	0.51	6.44	1.76
40–44岁	4.5	0.2	3.82	0.29	4.15	0.75
45–49岁	4.3	0.2	3.96	0.21	3.12	0.44
50–54岁	4.3	0.2	4.05	0.19	3.21	0.30
55–59岁	3.9	0.1	4.25	0.15	3.43	0.25
60–64岁	3.2	0.2	4.03	0.15	3.54	0.24
60岁及以上	2.2	0.3	2.75	0.23	3.11	0.42

来源：陆杰华、王笑非《20世纪90年代以来我国婚姻状况变化分析》，《北京社会科学》，2013年3期，第62—72页。

对情感有要求的女人必须直面社会的压力、生活的挑战，锤炼会让她们变得更强大，更独立，最后找到自我。理直气壮地生活，才能获得自己给予自己幸福的能力。拥抱单身，对自己耐心、宽容，接纳充满个性特点的自己，在单身中不断成长，享受单身状态独有的幸福，也为未来做好准备，这就是单身生活的意义所在。

私人订制反逼婚策略

《中国剩女调查》一书中对43个未婚女性的研究结果显示，未婚女性的结婚意愿和年龄的关系最密切，是一条以30—35岁为顶部的开口向下的抛物线，越接近30岁结婚意愿越强烈，承受的压力也越大，内心更焦虑。年龄越小的女性，对择偶条件越不坚定，容易放松择偶要求，年龄越长的更倾向于坚持情感要求。该书对剩女的媒体形象构建的研究还显示，大学生群体是最焦虑的，而父母在子女不同的年龄段，逼婚的频率是不一样的，这就要求我们要根据双方具体的情况采取不同的策略。根据这些研究结果，结合结婚意愿、父母的逼婚频率，以年龄段为单位，提醒每个年龄段反逼婚时要注意的问题。

在校学生：这里的在校学生指的是硕士以下的在读学生。在校学生是反逼婚中力量最弱的群体，一方面是经济不独立，还得靠父母给钱交学费、生活费，找工作也可能需要父母动用关系帮忙，对父母的依赖性非常强。另外一方面，他们的价值观还在形成过程中，性格不成熟，缺乏社会资源，面临的最大问题是毕业找工作，很容易变得迷惘，对婚姻也没有太多主见，主要以父母的建议为主。即便有自己的看法，也极容易受父母影响。父母不但掌控了大学生的经济命脉，社会阅历、人生经验和人脉等方面资源也比大学生强得多，他们的意见对大学生的选择影响很大。如果父母开明，大学生可以享有一定自由，但要是父母动用一切资源强势逼婚，逼婚成功的概率非常大。

在现在的舆论环境下，操心的父母一般从子女读大三或大四就开始逼婚，好一点的只是提醒孩子要考虑结婚的事情，留意周围有没有合适的对象，有的话就抓住机会；强势的父母会在周末、节假日或暑假趁孩子回家的空当，为孩子安排相亲。更有甚者，担心女儿学历太高嫁不出去，不允许女儿读硕士或博士。

逼婚舆论在大学生中的影响已经显现。新闻报道称，大学里有些女生大三起就特别注重打扮，参加相亲、交友活动，希望早点结交男朋友，让结婚有个着落。在读硕士因为年龄长一两岁的关系，会更加着急。我有好几个在不同省份大学教书的朋友，也向我反映了同样的现象。应该怎样看待学业和婚恋的排序？

女性接受教育的一个很重要的目的是自我增值，提升自我的人力资本，将来大学毕业后能够找到工作或好的工作，实现经济独立。在自立的基础上，女人才有可能拥有自主的人生，追求理想，实现梦想。鉴于学习的重要性，毫无疑问在求学阶段学业是排在第一位的。对女生来说，由于就业市场的性别歧视，需要有更高的学历才能和男生得到同样的职位。若因一时急于结婚，而忽略学业或拒绝升学，会直接影响找工作和未来的自立。

此外，你还需要考虑的一个问题是，当“毕婚族”是否真的有利于自己的发展。不管是男生还是女生，刚毕业时经济基础还比较差，能结婚的基本都是在父母的资助下完成。根据媒体对“毕婚族”的报道，不少毕婚夫妻因为经济问题很快就劳燕分飞了。其他同学正在努力适应工作、晋升，寻找机会再进修时，你却被婚姻感情分心，可能还会错失职业发展或提升的机会。

大学毕业之后的几年，是最无拘无束的时光。自己赚工资，享受高度的自由，想买什么就能买什么，想做什么就做什么，有时间和心情，又没有任何负担，这种生活对年轻人来说是非常宝贵的享受，也有利于锻炼自己的生活能力和对未来的规划能力，对个人成长是很好的磨砺。迟点结婚，在单身的日子里多锻炼自己，趁着青春年华，多过几年自由的生活，比起毕业后不得不被家庭责任捆绑的沉重生活，有趣而且有价值得多。等以后工作稳定，性格相对成熟，有一定的积累，达到经济安全后再结婚，既能为个人发展预留空间，也有利于缔结和维系高质量的婚姻生活。

如何应对父母的强势逼婚？这个阶段的反逼婚策略应该柔和应对，努力寻找协商空间。在校学生毕竟还很年轻，面临的重要任务是学业和找工作，你可以向父母明确，努力读书和找工作才最紧迫，并向父母列举“毕婚族”离婚的例子以及工作和经济基础的重要性，尤其是对女性的重要性，“自己还很年轻，不会结不了婚，不用太着急”。若父母有帮忙介绍相亲，如果你不反感，也可以积极配合父母的安排、听取父母部分建议，让父母感受到你在认真回应他们所关心的问题，并尊重他们的努力，以换取尽量大的自主空间。若你尚未关注婚恋的事，内心很抗拒相亲，可以真诚地与父母沟通，表达你的想法。

但同时，你也要向父母明确你的最低要求：一定要因为爱情而结婚，这是你的底线。而且，不能以放弃工作和进修的机会为代价。有的父母会要求女儿在选择工作时就要考虑以后照顾家庭，比如选择不能从事不稳定、需要太花费时间的工作，最好去考公务员之类的清闲稳定的工作。这种情况下，你要问问自己的内心，你喜欢什么样的工作，对事业有什么规划，父母认为好的工作是否有利于未来的发展，你是否喜欢等。普遍来说，清闲稳定的工作大多没有发展空间，工资也不高，只是时间比较多，因此被认为适合女性，目的是方便女性承担家庭责任。不过，现在已经有越来越多女孩具有强烈的事业心，希望在职场上有所作为，挖掘潜力实现自我的社会价值。对职业野心勃勃的女孩并不适合稳定清闲的工作，若迫于父母的压力选择错误的行业，你要考虑清楚，若干年后你可能会对事业发展不满意，极其不甘心，却又回天乏术。

如果你不喜欢清闲稳定，喜欢有挑战性，比如营销、市场等之类的工作，就要大胆拒绝父母的建议，坚持选择你喜欢的工作。如果父母一定要逼你选择不喜欢的工作，你可以用不同的办法对付，比如，坚决告诉他们你不喜欢这样的工作，不去考试，若父母非常强硬，你实在没有办法，那你可以考得很差，让自己考不上。

最后，在与父母进行交换换取协商空间的时候，要注意策略，柔中带刚，避免冲突，要坚持把自己的利益放在第一位，这是不可以放弃的原则性问题。如果你不但不想结婚，也不想谈恋爱，那就明确告诉父母你的想法，并和他们谈谈你的规划，争取他们的支持。

25—27岁：这个年龄段的单身者一般是工作一两年或者刚刚研究生毕业，有的人已经在抓紧时间找老公，有的处于适应工作的阶段，生活重心主要放在工作上，只能在空余时间上婚恋网站注册搜索或者相亲。而有的可能是刚刚失恋，结婚的希望破灭，赶紧加入相亲大军。

这个年龄的你，有了初步的经济基础，有一定的社会阅历，思想也稍微成熟一点，开始具有反抗父母控制的资本。在婚恋上，你可能已经谈过恋爱或者有过感情经历，对婚姻有一点点自己的看法，但又不太清晰；对于刚毕业的研究生来说，有些可能还没谈过恋爱，也没有对婚姻想太多。但你们都要肩负一个重任，就是思考自己是否想要婚姻，想要什么样的婚姻，自己喜欢什么样的人。而这些都会随着年龄的增长，社会阅历和情感经验的增加，慢慢清晰起来。

在婚恋市场上，这是一个社会公认的适婚年龄段，择偶活动会非常活跃，相亲会非常多，相亲对象的条件也非常好。若你在事业单位或公务员单位，同事会非常热心地给你介绍对象，你不断和陌生人相亲。相亲结果无非两种，你喜欢的他不喜欢你，喜欢你的你没有感觉，所以你才一直保持单身。这个年龄段也是男女陆续进入婚姻的高峰期。因此，处于这个年龄的人，是真正面临全社会的逼婚。可能，有些陌生人第一次见面就会问“结婚没有”，参加一场同学婚礼，可能有同学问你“什么时候轮到你”。倒不是你真的需要一个丈夫/妻子、男女朋友的陪伴，而是周遭的暗示或直接施压可能会让你误以为，自由自在的生活是不正常的状态，追求个人喜好是浪费时间，你需要赶快结束这种状态。

对大部分人来说，逼婚压力最大的是和自己关系最密切的父母。要想和父母协商这件事，必须先了解他们的想法。在不少父母的观念里，子女工作稳定之后考虑终身大事是理所当然的，在他们的关注下，你的婚事也被提上了议事日程。开明的父母，会只是口头催促你，着急的父母会四处托亲戚朋友帮你拉线。当然，也有父母不闻不问，任由你自己做主。

若父母为你安排相亲，你可以积极参加，既是向父母传达你诚恳、尊重他们的态度，而且相亲的确也是多认识异性的机会，但你要向父母宣示主权——结婚与否的最后决定权掌握在你手里，这个要求一般都不成问题。父母普遍知道，现在的年轻人要的是恋爱自由和结婚自由，遇到喜欢的人才会结婚。如果你觉得自己还年轻暂时不想结婚，为了不至于和父母闹僵，你还是应该去相亲，不过你可以否决所有相亲对象，继续一个人。当然，做法不能太粗暴，你有可能要向父母解释否决的原因，那你就要准备一些能够让父母信服的理由了。

有些父母不会逼得太紧，只是吃饭或者闲聊的时候偶尔说一两句，那你就可以抓住机会，表达你的想法和规划。这个年纪的单身者要把学习沟通技巧提上议事日程，这种技巧会让你受益终身。而你可以把父母逼婚这场“战役”当做是自己锻炼口才的好机会。没有人天生就懂得如何沟通，也没有人怎么学都不会。和父母说什么话、怎么说，才能达到目的，你要根据自己的个性和父母的性格特点摸索出一套适合的模式。成熟之后，你就可以移植这套方法到其他场合，比如陌生人逼婚、同事逼婚、工作中的沟通等。总的来说，越早开始锻炼沟通技巧，对瓦解后面因年龄增长带来的逼婚攻势越有利。

27—30岁：这个年龄段的你，工作有些年头了，积蓄也开始增多，工作应该也得心应手。即使工作一两年之后再去读硕士，这个时候也应该毕业了，关注的重心会从工作向生活转移。生活中的大事，就是结婚谈恋爱了。

一般来说，农村地区的年轻人都陆续结婚了，在二三线城市，这个年龄还没结婚的也会变得越来越少。就算在北上广深这样的大城市，大部分人也会在这个年龄段把婚结了。不过，迟婚的趋势相当明显。根据民政部发布的数据，2012年之前，20—24岁办理结婚登记的公民占结婚总人口比重最多，2013年之后，25—29岁登记结婚的人数首次超过20—24岁。

在这个年龄段的你，会继续收到“红色炸弹”，参加朋友、同学、家族同龄人的婚礼，意味着令你触景生情的机会很多。婚礼很容易触动大龄未婚女性的心绪，你会感叹自己也不差，情感怎么还没有着落呢。也就是说，迫于环境的刺激，你会萌发一种对亲密关系的需要，希望有人陪伴在自己身边，分享生活的苦乐。偶尔，你可能会沮丧、彷徨和迷茫，并且可能因为其他事情不太顺利，就联想到婚事还没着落，觉得自己特别挫败，要么大哭一场，要么情绪低落几天，之后再独自恢复。但总的来说，你的单身生活其实是过得还不错，你的心智已经越来越成熟，你有固定的朋友圈，有自己的兴趣爱好，你可能还喜欢去旅游，经济也越来越宽裕，不至于没结婚就过得很悲惨。

在父母方面，他们很多人也受到了“剩女”舆论潮的影响，心里会很急。他们也可能会觉得30岁是女儿的大限，就算是儿子也应该三十而立，催婚会特别频繁。本来，你对婚姻就是欲求而不得，自己的压力也很大，父母还总催，你会很烦躁，严重的会崩溃。这个年龄段就是，你会被内外夹攻——你既有自己的情感需求，如果你是女人，你可能还会恐惧30岁，怕30岁之后嫁不出去，孤独终老，没有孩子，老了生病没有人照顾，老年生活可怜兮兮；外在的压力是父母的逼婚，亲戚指责你不孝顺，朋友说你挑剔。总之，你的生活会被乌云笼罩，所以你的压力有如泰山压顶般大。

若要化解这种压力，既要化解你自己的需求，也要向父母反逼婚。首先是正确认识不结婚产生的“三大问题”，这个前面已经见招拆招。按照我咨询的经验，消除不结婚的误解后，女人的神经都能放松下来。如果你真的很渴望婚姻，很希望有男女朋友，可以请父母、朋友、亲戚、同事等帮忙介绍，也可以上婚恋交友网站交友寻找，利用现在的各种渠道，广撒网，多捕鱼。如果你在三线城市，觉得不可能在那里找到合适的人选，也可以通过网上交友认识异性，找到相爱的人不妨考虑离开那个城市，当然这还要考虑工作的问题。

另外一方面，在这个年龄段你会发现，朋友结婚之后就去过家庭生活了，不像以前那样经常和朋友联系了。尤其是女性朋友，婚后会自觉把朋友放在家庭之后，有的女人甚至从谈恋爱起就消失了，这样会导致你的朋友圈萎缩，你就要做好朋友圈更新换代的准备。多去参加社交活动，多认识朋友，从中发展新的好哥们、好闺密，保持朋友圈“兴旺繁荣”。想吃饭喝酒，照样有人随叫随到。一般情况下，对方可能也是单身，其实就是单身人士抱团取暖。

对付父母的逼婚，一是经常沟通，告诉他们你的情况，更要参加他们安排的相亲，向他们传达一种信息：你的态度很好。另外也可以主动请他们介绍对象，在城市的父母会利用所有人脉帮你寻找相亲对象，但农村的父母就没有这个条件了，他们会放松逼婚。对于原生家庭在农村的你来说，其实父母的逼婚比原生家庭在城市的人小得多。

如果你真的很迷茫、焦虑，顶不住压力，想随便结婚好有一个交代，不妨考虑和不爱的人共度一生的情景，若你不能接受，最好还是等待，别去折腾。

30—35岁：这个年龄可以分成30—32岁和33—35岁两个阶段。你要注意，在30—32岁这个阶段，你会非常担心高龄生育问题。由于政策不允许单身生育，要生孩子必须先结婚，所以你会更加着急结婚。另外，你在情感方面的需求也会进一步加大。也就是说，你自己也会继续非常着急、迷茫、彷徨。你可能会更加受打击，开始发现相亲对象质量在下降，有人开始给你介绍离婚、丧偶、年纪大等各类男人，你深刻感受到年龄增加导致了你在婚恋市场上的待遇直线下降。

而你的父母也和你一样，觉得你不能再等了，否则就要贬值，找不到好的老公。比起27—30岁那个阶段，你和父母都会更加着急。脾气不好的父母，急起来可能会向子女发脾气、责骂，甚至打人，这些你都要做好心理准备，并且学会察言观色，不要激化矛盾。你还要特别留意，父母受邀请参加婚宴的问题。每一场婚宴都是对他们的刺激，他们受到刺激承受了压力，回家肯定要发泄或转移，这种情况下不要与他们有正面交锋，否则会引发争吵和冲突。父母介绍的相亲，只要条件不是太差，可以去参加，用良好的态度给予他们希望，也告诉他们你是愿意努力的，请他们放心。

处于33—35岁这个年龄段的你，对结婚和单身的思考已经有一段时间了。其实，从二十七八岁，你发现小伙伴们都结婚了，自己还没结的时候，就会思考，为什么会这样，是不是自己出了问题等。所以，到33—35岁，你应该有比较清晰的想法。也是在这个年龄段，你会慢慢接受单身的状态，不管是生活还是心理上，都会自觉为单身生活做准备了。而且这个年龄的你，相亲机会已经不多了，闹情绪的时候也越来越少，处理情绪的能力也越来越强。即使痛哭一场，很快就能复原，也不再自怜自艾。这些都表明，你已经越来越适应单身生活。而父母方面，他们可能会进一步放弃，因为生活经验告诉他们，年纪越大结婚越难，所以只能绝望了。

处于这个年龄段的单身女性，若收入、资产方面规划没有做好，和已婚的同龄人相比差距会相当大。你突然就会发现，小伙伴们结婚后房子、车子、孩子都有了，而你连房子都还没买，婚事更是遥遥无期。你除了要承受来自父母、同事等的压力之外，还会产生相当大的挫败感，有人还会因为太焦虑影响健康状况。

怎么办呢？实际上，你焦虑和恐惧的原因只不过是未来没有保障而已，你要做的事情就是通过自己的努力，确保你有能力提高生活质量和独自解决养老问题。我建议你暂时搁置结婚的想法，把精力转移到重新规划人生上，把事业和收入作为突破点，为老年生活做好准备。这方面的内容：一是健康问题，放下结婚的执念，消除焦虑，规律饮食，一周锻炼两三次，让身体保持在良好的状态，减少生病，减少对外界照顾的依赖。一是做好买房子的规划，房子是很重要的资产，即使以后不结婚，也有养老的地方。若你的收入稍低，更要做好规划，攒首期，选房子，房贷多少年等。第三是学习理财，研究不同理财工具、产品的差异，争取让有限的积蓄产生最多的收益。第四是扩大社交，尽量和已婚朋友保持联系，另一方面开拓新朋友，可以在网上认识全国各地的新朋友，同时多参加线下的同城活动，多认识三五个单身同性朋友，多发展几个闺密，时不时约饭约咖啡，互相陪伴互相支持，构筑坚实的单身朋友关系网。用积极乐观的心态和切实的行动，让你的未来清晰起来，你的心也会安定很多。

35岁以上：这个年纪的你，性格和思想已经越来越成熟，心态越来越平和。也可能有不少感情经历，通过媒体和对周围朋友的观察，对婚姻也有一定的了解。和周围婚姻有问题的朋友比起来，你又觉得自己一个人过得很不错，如果婚姻不幸福，还不如单着。

你也很清楚，随着年龄的增长，结婚的可能性变得越来越小，不过你并没有完全放弃结婚。偶尔的相亲机会会强化你对年龄增长导致的劣势：相亲的男人条件越来越差。你会反思自己所坚持的择偶条件是否有可能实现，考虑年龄渐长，也因为成熟带来的理解与宽容，你逐渐调整择偶条件。你会更加担心高龄生育和老年孤独的问题，因而会焦虑，并认真着手为养老做准备。

如果女儿35岁还没结婚，父母可能也已经无可奈何了，再不愿意，他们也不得不接受现实。如果是儿子，父母虽然着急，但不至于绝望，他们相信只要经济能力不差，娶个相差七八岁的老婆也是有可能的，就算儿子40岁，若是收入高有房子，父母也会理直气壮，指定只要30岁以下的媳妇。

我建议这个年龄的女人，要认真考虑事业发展，提高收入，提前做好养老规划。用一个详细的养老规划，去说服父母，打消他们的顾虑。如果你和年龄较大的男性相亲，应该要特别留意两人的年龄差是否会对以后的婚姻生活产生不利影响。比如，你们是否打算生小孩，他是否有足够的经济能力兼顾抚养孩子和自己的养老，他比你早去世的概率有多大，你大概要从什么年龄开始寡居，他和你结婚是不是想找人伺候自己母亲等。

和年龄比自己大太多的男人结婚，如果男方经济能力很一般的话，女人基本就是要扮演一个免费保姆的角色，做饭、洗衣、做家务、生孩子、带孩子、照顾老公、伺候公婆。而且，这些家务劳动都是没有报酬的。所以，如果你已经35岁以上了，要对年龄差距太大的男人严格把关。如果你的父母没有考虑到这些问题，你应该耐心地向父母解释，相信他们会为站在你的角度，为你着想。

另外，你的相亲机会虽然不多，但仍然会有的，一般都是通过熟人介绍。这个时候，你会深深感受到年龄带来的羞辱，介绍人会认为，你都这么大年纪了，根本没有资格挑了，有男人肯和你结婚就应该马上答应。有的甚至还会介绍学历很低，根本不是同一个层次的男人，又或者是失业的男人。遇到这个情况，你也不用生气，在传统的观念中，女人年纪大就是贬值，介绍人就是按照自己的观念帮你牵线，倒不一定是有恶意。你肯定是拒绝的，也应该做好情绪管理，冷静客观地从经济的角度向介绍人分析，这样的婚姻对你的利弊：如果你和这样的男人结婚后，生活会变成怎样，是结婚好还是现在单身一个人过，对你更有利。只要你分析得有道理，介绍人一般会理解，而且可能支持你单身，毕竟大部分介绍人热心地为人介绍对象，都是希望你的生活更好，只不过碍于观念和见识，无法全面分析婚姻，对利弊没有清晰的概念。你这样做，既有礼貌地拒绝了不符合条件的相亲对象，也向介绍人展示了你的生活方式和观念，维护了双方的关系。

还有，我建议在这个年龄段相亲要做好自我保护，不要因为年龄大就降低要求，去见条件相差太大的相亲对象。按照主流的评价标准，相亲男人的条件就是你在婚恋市场上的估价，你会觉得不公平，然后自我怜悯。对方可能也会挑剔你，如年龄太大、不适合生孩子、学历太高、收入太高等。相亲之后，双方肯定会有反馈意见，你会被贴上各种标签，包括羞辱人格的，而你在这个年龄对男人的反馈意见会特别敏感，尤其是嫌弃你年龄大。你会感觉到被冒犯，严重的会抑郁寡欢，丧失对生活的信心，特别是条件比较差的男人仍然对你诸多挑剔时。这些情绪会极大影响你的自我评价，自尊下降将会蚕食你对未来的信心。所以，不要把自我价值寄放在男人的视线上，女人的价值不在于得到男人以婚姻的形式给予的承认，要坚信独立的价值与年龄无关，与婚姻生育无关，你要努力建立一套独立的自我评价体系，取代主流社会对女性的评价标准，把自我评价的自主权牢牢掌握在自己手中。

父母

在亲情和自主独立之间
寻找平衡点

◎ 理念

父母和子女是独立平等的个体

结婚是个人选择和个人自由

个人幸福是对父母最大的孝顺

◎ 目标

牢牢把握结婚的自主权

消除父母的担忧，卸下自己的压力

努力建立平等的现代家庭关系

◎ 原则

1．一致：个人利益与父母利益大体一致

2．沟通：主动沟通，正视矛盾，化被动为主动

3．换位思考：尽量满足父母需求，提升其幸福感

4．耐心：任何时候都不放弃沟通

5．诚实：不撒谎，不欺骗，建立互信

6．坚决：坚决抗击父母的伤害和侵犯

婚姻自由不是天上掉下来的馅饼。自古以来，父母和子女一直在争夺择偶的自主权。在封建社会，父母是不会逼婚的，因为他们会托媒人找到门当户对的人，两家父母直接把婚事定下来，再分别知会各自的子女。这个时候，婚姻虽然是人生大事，但结婚的两人只是配角，根本没机会参与协商。新中国成立后的婚姻法明确规定禁止包办婚姻，才从法律上确立年轻人拥有恋爱自由、结婚自由的权利。现在的父母也心知肚明，再也不能擅作主张，强迫子女结婚了，否则是犯法的。而且，父母违背子女意愿包办的婚姻，子女可以申请法院撤销，也就是说，子女的结婚自由是有法律撑腰的。现在，有的父母虽然逼婚，但从另外一个角度来看，其实就是应对权力衰落不得已而为之的下策。在子女结婚的整个过程中，大部分父母饰演的角色从决定者沦为干涉者，没办法给子女包办婚姻，只好催你谈恋爱，催你结婚。看到这里，被逼婚的你是不是长舒一口气了呢，着急的应该是父母，而不是你。

父母逼婚原因和压力分析

社会经济的发展让父母失去了对子女婚姻的控制权，另一方面城市的发展让丰富多彩的单身生活成为可能。单身的你可以选择和伴侣同居，也可以只谈恋爱。道德对婚前性的约束已经松绑，单身人士性生活的丰富性远远超越结婚群体。即便不谈恋爱，一个人也照样过得精彩。喜欢热闹的，周末呼朋唤友去喝酒；喜欢安静的，可以宅在自己的小窝看书、刷微博微信、看看美剧，怀念人间温暖、想过群居生活时，可以到父母家小住。可以每年来一趟出国游，在异国他乡自由行走，尽情享受风格迥异的自然景观以及不同文化下的人文情怀。经济独立，交通和通讯工具的发达，社会公共设施的完善，已经为单身生活创造了相当便利的条件，单身的你完全可以找到自己最舒服的那种方式，随心所欲地生活。

在这种情况下，“每个人都要结婚”的社会规范就遭遇到挑战。社会规范不但要求每个人都结婚，还要求大家都必须在约定俗成的结婚年龄结婚，推迟一点也会引起非议。可是，当人们发现不结婚也能过得很有滋味，结婚便不再是人生的唯一选择了，连锁反应就来了。

年轻人的社会生活方式已经发生巨大变化，但父母辈的观念仍然保守落后，于是引发了代际冲突和矛盾。年轻一代已经在选择生活，结婚、独身、丁克、同性恋、晚婚，虽然只有正统的结婚能够得到祝福，但从数据来看，不惮闲言碎语、异样目光的年轻人越来越多，勇敢地选择自己想要的生活。父母都会认为，结婚是老祖宗传下来的习惯，自己的孩子一定要结婚。而且年纪差不多就要结了，至于结婚对象，当然就是男人配女人，只有男女配对才是正当的，同性恋对他们来说不可接受。不过，逼婚成功并不是最终目标，阶段性目标是一个接一个。

接下来是生孩子，传宗接代。“不孝有三，无后为大”，丁克会“断子绝孙”，这是极少中国父母能容忍的；婚姻不能有意外，例如离婚，否则被视为人生失败，他们习惯用隐忍求得白头到老。而年轻人注重个人的感受，追求个人幸福，若婚姻不能带来幸福，净身出户也在所不惜。爱情对婚姻至关重要，因为爱情而结婚是越来越多人的选择。这种情况下，必然要求严格筛选结婚对象，于是结婚不再是一件容易的事。因为物质条件比如有房有车、年薪多少等标准至少可以量化，爱或不爱却是捉摸不定的，这增加了结婚的难度。而且难度并不只是这一点，社会发展步伐加快，需要完成的人生大事也更多了，求学、工作、晋升、独自玩乐，婚姻不再是人生唯一的大事。就这样，年轻人为了各自的前程与生活而忙碌，结婚的年龄就越拖越后了。

逼婚和反逼婚是两代人之间的控制与反控制的过程。其实父母手里没有太多牌，不过他们有一张王牌，就是“孝顺”。孝顺是中华民族的传统美德，社会不但在道德上要求子女孝顺父母，在法律上也对子女孝顺父母做了非常详细的规定，从经济回馈到精神照顾。在这种文化下长大的年轻人，孝顺的观念也非常重。目前，就主流社会对“孝顺”的理解，听话、顺从仍然是应有之义。不结婚导致父母担心，不为父母着想，就是不孝顺，这样的指责普遍让未婚者产生愧疚感，结婚的压力更加巨大。

父母逼婚的原因、时间点和分工

根据《中国剩女调查》的调查结果，如果把婚姻看做一个从开始寻找适合配偶人选到领取结婚证的动态过程，父母在其中扮演四种角色：策动者、催婚者、牵线者、把关者。这四种角色互相交替发生，又因不同家庭的特点有所差异。在“剩女”的经历中，父母饰演最多的角色是催促和牵线。

父母认为结婚是人生必须经历的事情，并把个人的幸福与结婚等同起来。在父母眼中，女儿是需要被照顾的人，女人结婚意味着找到可以依靠的人。这种依靠可能是经济上的依赖，也可能是生活上的互相扶持。女儿结婚后，遇事可与丈夫商量，他们就不用操心了，这样照顾女儿的义务就从父母转移到丈夫身上，而男人结婚意味着成家立室，是成人的标志。在父母的观念中，婚姻也等同于生孩子，结婚的重要目的就是传宗接代。而生孩子等于老有所养了，所谓养儿防老。不过，虽然父母认为女人结婚就是有人照顾了，但国内外的研究早已证实，在家庭里，女人并不是被照顾者，而是照顾者。此外，父母希望子女早点结婚生孩子的动机是，赶在自己变得体弱力衰之前，帮子女一把，把孙子拉扯大，完成为人母为人父的责任和义务。在父母的观念里，带孙子是老年生活很重要的一项任务。若子女太迟结婚，他们年龄大了，体力和精力都跟不上，在子女需要老人帮忙时没办法帮上忙，要么心生内疚之感，要么拼了一条老命扛着，结果老年生活特别劳累。对他们来说，辛苦了一辈子，老年过上安乐日子是最大的心愿，子女迟迟不结婚，意味着带孙子这项任务要推迟，逼婚的动力由此产生。

有的父母是子女开展感情生活的策动者，即女儿还没想过谈恋爱，父母就会通过提醒、为女儿介绍相亲对象而策动女儿开展情感生活。而策动的时间点，一般是父母认可的女人适婚年龄，对完成大专、本科或硕士、博士教育的人来说，就是完成学业、参加工作后，着急的父母会在尚未结束学业之前就催促。具体的年龄因学历的不同而有所不同，接受教育的年限越长，父母越能接受女儿迟婚。读完初中或中专的受访者参加工作时尚未满20岁，婚姻策动的时间点会在20岁之后。父母的策动，是部分未婚女性关注情感生活的重要动力。没有父母的关注和策动，任由其按生活事件的重要性排序，恋爱和结婚会被排在学业、工作以及享受单身的自由生活之后，有女性年届30岁都仍未考虑谈恋爱。

如果子女大龄未婚，父母也要承受压力。传统的观念认为，父母承担着为儿子娶老婆、把女儿嫁出去的任务，若是没有按时完成任务，他们会自认为失职，也要承受来自亲戚朋友的舆论压力。父母和朋友的聊天，常常谈起各自孩子的婚姻，子女未结婚的父母常常被非议，从而产生压力。由于文化相近，在亚洲其他国家也有类似现象，比如在韩国，如果一个女人没有结婚，其他人就会认为她的父母失职，没有为女儿找到伴侣。

父母一般在什么时候开始逼婚呢？父母会在子女特定的年龄段逼婚。对于女孩子来说，父母逼婚的时间点受生育周期、男性择偶偏好等因素影响。父母大多担心女儿超过适婚年龄、年龄太大后很难找到条件好（一般指物质条件）的丈夫或者高龄生育。而对于儿子，父母会参照老家男性的结婚年龄，如果当地的男人一般都在25岁结婚，父母也会希望自己的儿子和其他人一样。如果儿子在大城市打拼，没办法遵循老家的习俗，父母也会适当放松对儿子的年龄要求，但是30岁基本是最后期限，我们常说“三十而立”，绝大部分父母希望儿子最迟能在30岁结婚。

在逼婚的时间点上，由于“剩女”舆论的影响，有些父母在孩子尤其是女儿还在读大三大四就会叮嘱她们积极结交男朋友，提前为结婚做准备。也有的父母会认为刚毕业就结婚太早，即使有亲戚朋友想牵线搭桥，也会为孩子抵挡。有的父母会等子女的工作稳定之后，才开始催结婚。如果孩子正在谈恋爱，父母也会催促结婚；如果没有男朋友，父母就会催促找男朋友，最终目的仍然是结婚。即使已超过当地普遍认可的适婚年龄，如果女儿还在上学，比如读研究生，父母也不会逼婚。父母的逼婚频率类似一个以30岁、31岁和32岁甚至是33岁为顶点段的开口向下的抛物线。随着女儿的年龄逐渐接近30岁，频率会越来越高。

什么情况会刺激父母逼婚呢？研究发现，逼婚多发生在逢年过节、父母与子女相聚以及一些特定的时刻，“啥时候请我喝喜酒？”通常是绕不过去的话题。父母在节假日逼婚有两个原因：一个是离开原生家庭的子女多数在节假日回家看望父母，父母有机会面对面地和子女谈论婚事。另外一个原因是，节假日尤其春节，是传统的合家团聚的节日，年轻人的婚嫁问题容易受到关注。除此以外，与父母分隔两个城市的“剩男”“剩女”有时会接父母到自己所在的城市同住。这段时间内，父母逼婚的可能性也很大，因为每天见面是非常便利的逼婚时机。能够刺激父母关注孩子婚姻状况的特定时刻，就是亲戚朋友子女的婚礼或生育庆祝场合，亲戚越多，刺激他们的场合或事件越多，父母逼婚的频率会越高。

父母逼婚的时间点可以粗略地分为平淡期、频密期和高潮期。平淡期就是平时，父母想起来才会打电话和你说一说，催一催，你听得烦了可以挂电话。频密期就是节假日，在离家不远的城市工作的人，通常会趁着节假日回家探望父母，父母常常乘机给子女安排相亲，就有了“每逢节日被相亲”之说。而春节就是逼婚高潮期了，为什么呢？由于人口流动性加大，越来越多年轻人离开父母到其他城市工作生活，父母与子女见面的机会并不多，春节是中国人最重要的传统节日，很多人一年只回一趟家看望父母，又是面对面，方便沟通交流，父母当然会趁子女春节回家逼婚。沟通过程顺利的相安无事，不顺利的容易起口角、拌嘴，甚至是冲突，年也过不好，好不容易有7天假期回家，喜庆的节日气氛完全被破坏。

对和父母一起住的未婚青年来说，这三个时期的区别并不明显，父母逼婚是24小时都可能发生的事。试想想，你和父母住在同一屋檐下，父母只要想到你的婚事，心里着急，马上就可以揪住你说，完全没有距离作为屏障。所以，和父母一起住的未婚青年承受的逼婚压力是最大的。

父母的逼婚分工和原生家庭内夫妻的社会性别角色分工关系密切。一般来说，母亲承担大部分的逼婚工作，因为母亲的家庭分工是照顾家庭成员的生活，子女的婚嫁属于家庭事务的范畴，母亲会视帮助女儿找到丈夫为自己的责任，也因此母亲就是最主要的逼婚者。不过，也有的家庭父母很开明，不会发生催婚。

父亲很少参与逼婚，但情急之下也会按捺不住。父亲的逼婚方式比母亲更婉转和迂回，这种情况在子女和父母的感情都非常好，尤其是和父亲的关系比较密切的家庭很常见，有的父亲甚至会比母亲更急。我的一个访谈对象是这样描述她爸爸催婚的："他会跟我说，明天谁谁的女儿或者儿子结婚了，我要送1000块钱，你什么时候能帮我把这钱挣回来呢？"

在母亲生病或者已经去世的家庭，逼婚的任务落在父亲的头上。这种情况下，父亲的逼婚一般不如母亲般紧迫，"剩女"因此获得相当大的自由和空间。父母在农村的单身者，父亲的见识比母亲广，从小就对女儿的升学或就业等人生中的重大事件提供较多意见和指导，最后也会由父亲承担催婚的责任。

在父亲再婚的家庭，继母和孩子之间保持着一定的距离，也不会像亲生母亲催得紧，甚至不会催促，只是父亲偶尔催一催。父母离异的，如果和双方都保持良好的关系，双方都会逼婚。有的家庭，父亲是决策者，父亲对母亲的逼婚行为有决定性的影响。如果父亲不主张逼婚，就没有逼婚压力。

影响逼婚压力的因素

很多人认为，“剩男”“剩女”肯定被父母逼得很紧，压力很大。媒体的报道也大多是父母代子女征婚、父母在节假日为子女安排相亲等，新闻中的“剩男”“剩女”也总是表示压力很大。但是研究发现，父母逼婚是否产生压力受很多因素影响，并非所有父母都有能力向子女施加压力。中国台湾地区有研究指出，父母的逼婚是单身者最大的压力来源。该研究推测，父母与单身者有最密切的人身关系，是造成压力的主要原因。

《中国剩女调查》的研究也验证了此结论，父母逼婚的确是重要压力来源之一，甚至是一部分人最大的压力来源。但之所以能够构成压力，受以下因素影响：与父母之间的物理距离、经济实力、与父母的相处模式、父母的关注度以及自我道德要求等。

1. 与父母的物理距离。抵挡父母逼婚的最佳屏障是与父母之间的物理距离。原生家庭在农村的单身者，通过接受良好的教育在大城市或二三线城市找到工作并安家，距离原生家庭所在区域较远，拉开了与父母之间的物理距离，使得与父母的人身关系不再密切。父母鲜有直接的逼婚和施压机会，只能借助通讯工具如电话、微信等催促，或者利用零星的团聚机会，如子女节假日回家或者父母探望子女的机会。得益于物理距离的缓冲，父母的逼婚并不具备持续性，逼婚只会给单身者制造短暂的紧迫性和焦虑，根本无法构成压力，只要离开父母回到所在城市，烦扰就会自动消除。

和父母一起住，物理距离为零的状态会导致单身者和父母之间存在密切的人身关系，单身者遭遇的逼婚更加频繁和直接。也正因为如此，容易导致“亲情之战”，单身者和父母容易因为逼婚发生口角、争吵或是轻微的冲突，对亲情造成损伤。这种情况多发生在单身者的原生家庭在城市，尤其是大城市的案例中。大城市有比较好的大学，又能提供良好的工作职位和职业发展空间，单身者留在所在城市完成学业并工作的可能性很大，即便到其他城市上学，毕业后也会倾向于回到原生家庭所在城市工作。按照习俗，单身者结婚之前是和父母住的，所以这类单身者和父母之间完全没有距离作为抵挡逼婚的屏障。

2．经济独立。分析子女与父母之间的经济实力对比发现，高收入可以帮助子女瓦解父母逼婚。经济独立是反逼婚成功的根本。现实生活中，也有经济独立或是高收入的未婚者不能化解逼婚压力，缺乏谈判协商的技巧、道德感太强、性格软弱，即便是家庭的经济支柱，也会因父母逼婚苦恼不已。

A．原生家庭在农村或县城。对于原生家庭在农村和县城的未婚者，父母的逼婚并不会造成太大压力。原因包括很多：主要是子女基于自身努力而取得的经济独立令他们生活上不再依赖父母；另一个就是他们在经济上对父母的反馈如给家用或者帮助父母养老等，让父母欲实施控制时有所顾忌。还有一点就是，子女都接受了良好的教育，并在城市工作安家，学识和见识都优于父母，以父母现有的经验和资源已无法干预他们的生活。以上三点足以支撑这类单身者把婚姻自主权牢牢掌握在自己手里。

这类单身者通过接受高等教育，从农村或县城流动到了城市，并在城市获得稳定的工作和收入，在经济实力上和父母拉开差距。他们接受教育的过程，就是摆脱父母管束的过程。一是他们从初高中，甚至是小学开始，到城镇里比较好的学校寄宿，离开原生家庭。在学习上，农村的父母受教育水平一般都不高，没有能力辅导子女的学习。从求学开始，他们会独立做出各种学习或生活上的决定，逐渐养成独立的个性。到了遭遇逼婚的年龄，他们的个性已经非常独立。如果父母的逼婚超过他们的容忍底线，因为不再依靠父母获取生存资源，很容易摆脱父母的干预，甚至完全切断与父母的联系。农村的父母占有的资源本来就少，对子女的工作和生活帮助有限。子女多是通过自己的努力在城市站稳脚跟，参加工作之后，还会在经济上反馈父母。再加上，这类型的单身者一般都不会和父母在同一个城市居住。有了距离这道物理屏障，还有经济实力作支撑，在结婚的事情上，父母想管也管不了。

生活在农村的父母会期待子女能给他们带来经济回报。极端情况下，会演变成索取，这会极大伤害子女对父母的感情，从而减轻因为未结婚但又基于孝顺的自我要求和亲情而产生的内疚感。

B．原生家庭在城市。这类家庭可以分为两类：一类是普通型家庭，这类家庭通常无法为子女的学业和工作提供过多帮助。一类是资源型家庭，这类家庭的父母一般是中产阶级或以上，有体面的职业和不错的收入。从学习、工作到生活，父母为子女提供了比较多的帮助。来自普通型家庭的子女和来自农村家庭的子女一样，并未接受父母太多帮助，依靠的都是个人的努力，很多时候还会反馈原生家庭，提供经济支持，子女感受到的父母逼婚压力相对小。在资源型家庭中，父母占有的资源相当丰富，子女很难摆脱父母的干预。而且父母在城市的子女一般都会和父母一起住，没有了距离的阻隔，加上经济实力有差距，父母的逼婚很容易形成压力。

3．父母与子女的相处模式。除了上述两种因素可以缓冲逼婚压力，还有一种情况是，父母与子女之间的相处模式决定了父母的逼婚是否会造成压力。在有的家庭，父母一直很强势，经常参与子女人生中的重大决定，如果双方住在一起，母亲的逼婚更趋向是一种压力。有的家庭，子女会因学习成绩好、个性独立、与父母有良好的沟通等优良品德赢得父母的信任。所以父母会比较克制，即使父母对子女提供较大的经济支持如提供买房的首期付款，逼婚也不会对子女构成压力。这种情况多发生在父母在城市的单身者身上。

4．父母对子女生活的关注度。父母对子女婚事的关注程度与其生活重心有关。如果你是独生子女，父母的精力会全部集中在你身上，你所感受到的压力会比非独生子女强。在多子女家庭，父母会根据孩子的年龄予以不同的关注度，年龄较长的孩子会是父母逼婚的重心，一定程度上缓解了年龄较小的子女的压力。有兄弟姐妹已婚的家庭，父母的生活重心会转向照顾孙辈，暂时没有时间关注未婚子女的婚事，也会舒缓未婚子女的压力。随着孙辈逐渐长大，父母从照顾孙辈的任务中解放出来后，又有精力关注未婚子女的婚姻，单身的子女结婚压力就会加大。

5．亲情与孝顺的自我要求。孝顺父母的自我要求是大部分子女的重要压力来源。对父母或长辈来说，结婚意味着儿女老来有伴或者生病时得到伴侣的照顾，也能卸下自己照顾儿女的义务，有的则希望过上含饴弄孙的老年人生活。很多子女认为，帮助父母达成心愿或者不让父母忧心自己是孝顺的应有之义。自己一直不结婚，导致父母的心愿无法达成，让他们放心不下。结婚又没有合适的对象，但也不想将就结婚。孝顺的自我要求和现实的落差会让子女感到愧疚。当父母或长辈的健康出现问题、父母离婚或者有特殊经历，而父母或长辈又希望看到子女快点结婚时，单身者所承受的逼婚压力最大。另一方面，当子女需要父母照顾或者因为个人的事情让父母操心时，很容易产生愧疚感，觉得自己对不起父母。他们认为，互相照顾是伴侣之间的义务，不应该由年迈的父母代劳。这种亲情压力最容易促使单身者加紧寻找结婚人选，有人甚至产生随便找人结婚的念头。

上述的五种因素，决定了父母逼婚是否会对子女构成压力。这五种因素并不是孤立的，而是互相交织发生作用。其中起决定作用的是第二种子女经济独立，不需要从父母处获得生存资源，才能够摆脱父母的干预和控制。其次是第一种，拉开与父母的物理距离，能够有效地阻隔和缓冲父母的逼婚压力。

父母的牵线者与把关者角色分析

父母逼婚的同时，还有另外一个很重要的角色，就是牵线者。父母会利用自己的社会关系网络如同事、朋友、邻居等关系，积极为子女寻找相亲对象。受制于社会关系网络的规模，父母能利用的相亲资源各有差别，从而决定子女的相亲次数和相亲对象的阶层。

一般来说，和父母在同一个城市的单身者，相亲机会比和父母分隔不同城市的多。但是，如果女儿受过高等教育并拥有不错的工作，通常要求配偶的教育程度、收入状况等方面与自己匹配。若父母的社会人际关系网络覆盖了与女儿匹配的男性，女儿的相亲资源会很多，父母牵线者的角色就会强化，无法覆盖的相亲资源就会减少。女性接受良好的教育后，得以提升自身所处阶层，或因此流动到大城市工作，跨出父母的人际关系网络的覆盖范围，对传统的介绍相亲系统是一种强有力的瓦解。

具体来说，原生家庭在城市、又和父母在同一个城市，父母是城市里的中产阶级又拥有广泛的人际关系网络的，互相匹配的相亲资源会较多。父母的受教育程度不高，即使和父母在同一个城市，相亲资源也不多，因为以父母的人脉，根本找不到相配的同阶层候选人。父母在二三线城市、女儿在大城市的，父母也会通过朋友、亲戚等的社会关系寻找相亲对象，有时候也能够找到相亲资源，但数量并不多。通过父母获取的相亲资源最少的，是原生家庭在农村的单身者。他们的父母在城市里的社会关系并不多，甚至完全没有，所以无法介绍对象。不过，这也是缓解原生家庭在农村的单身者的父母逼婚压力很重要的因素。

除介绍相亲之外，父母还有一个很重要的角色，就是把关者。这个角色从介绍相亲对象开始，一直持续到最后结婚。不过，对于未婚女青年来说，父母在结婚前对未来女婿的把关，最重要的体现是挑选相亲对象。父母会找来符合他们择偶标准的候选人，但他们能把关的以及看重的是对方的经济条件，具体来说就是收入、工作单位、学历、对方父母的职业、养老保障等，女儿对另一半的精神要求往往被忽略。

妍是我的访谈对象，她很喜欢读书，是文艺女青年，喜欢的是文艺男青年。不管是找男朋友还是结婚，她首先会考虑双方的兴趣爱好，很少考虑对方的经济状况，她以前谈的男朋友基本都是文艺男青年。可是，文艺男青年并没有具体的衡量标准，也不是妍的妈妈所关注的。妈妈的人脉很广，经常能为妍找到条件很好的男人相亲。在相亲市场上，“条件好”被默认为经济状况好，衡量的标准也非常具体，房子、车子、年薪、职位、工作等。“父母介绍的有公安厅的、有海关的、有当医生的、有造船的，工作稳定，留过学，他们认为好的，其实不符合我的要求，而是符合他们对你想象的要求。100个有101个都不是你喜欢的类型。”

自由恋爱、自由婚姻的观念已经相当普遍，但父母同意仍然是子女选定结婚人选的关键。有单身者表示，父母相信自己的判断能力，应该不会反对自己挑选的人。也有受访者表示，会遵从父母的意见，不会闹家庭革命，和父母反对的男人结婚。单身者及其父母都各有自己的标准，当这两套标准重合时，就能结婚。若不重合，父母坚决反对，很可能就结不成。也有人称会坚持自己的选择，不理会父母的反对。

表面上，父母对未来女婿的标准会随着女儿年龄的增长有所降低，但若女儿真的要选定结婚对象时，父母会坚持一些最低的要求。就算女儿的年龄不小，若父母不满意对方条件，认定其不能为女儿带来幸福，也不会同意婚事。对这些父母来说，站在女儿立场考虑问题，利用自己的人生经验严格把关未来女婿，帮助女儿剔除不可靠的男人，是真心希望女儿婚后幸福，也是他们表达对女儿爱的方式。

自私的父母会在自己的面子和女儿的幸福之间，选择面子。这就是前面说的父母的利益在某些时候与子女利益是冲突的。女儿未结婚父母要承受压力，面子上过不去，爱孩子的父母选择自我调整，忍受舆论压力，也不希望女儿嫁得不好。相比之下，自私的父母为了尽快减轻自己的压力、焦虑，保全面子，子女的幸福并不在他们的考虑范围内，只要能结婚就行。遇到这样的父母，若没有很好的抗压能力，对追求个人幸福不太坚定，往往会为了父母而结婚，埋下祸根。

38岁的珍的父母一直都为她严格把关男朋友。她自己更注重感觉，在物质方面的要求也不高。但她父母认为女儿太忽略经济条件的重要性，坚持认为未来婚姻的生活质量取决于男人的经济条件，一定不能放松要求。再者，男人的身体健康也非常重要。两个老人家对未来女婿的要求是：工作不好的不能要，健康状况差的不能要，家庭出身不太好可以放松，但也要认真考虑。珍喜欢的男人不能满足他们的要求，即使珍已经38岁了，仍然要求珍放弃。对于父母的坚持，随着年龄的增长，珍也越来越认可。她觉得，父母的生活经验比自己丰富，考虑更加周到。“他们觉得不注重这些，婚后的生活会很辛苦。其实是为我好，他们是这么一路过来的嘛，已经养了几个孩子。说得也对，健康状况差的男人，精神不好，就会影响我的婚姻生活。”

和父母沟通结婚问题的策略

逼婚与反逼婚已经成为父母界和子女界最头疼、最焦心的问题。两个界别冥思苦想，不断涌现奇思妙想，招式之奇怪让人大开眼界，但这些招式大多充斥欺骗、撒谎等手段。在我看来，用欺骗、伤害家庭关系或牺牲子女幸福为代价进行逼婚和反逼婚，只不过是饮鸩止渴。荒谬的是，这些招数竟然堂而皇之地登上主流媒体。

从前几年起，每到春节前的一个月，专家、媒体和网友都会为未婚男女青年回家过年操碎心。大家都知道，春节是单身青年的“春劫”，回家过年肯定被父母、亲戚、邻居问这问那，被众人的口水淹没。于是，为单身青年量身定做的反逼婚招数涌现了。有的专家支招，可以上淘宝买一枚戒指戴在手上，回家让父母看看，告诉他们你已经有对象，父母就不会追问；有的网友建议，可以租个男女朋友回家，给亲戚朋友演一场好戏，塞住他们的嘴巴；还有人说，啥也不用做，说话呛死逼婚的人就可以了，要是问起就说“我的对象还没离婚呢”，让他们知难而退……

可是，仔细想想就不难发现，以上反逼婚方式并非站在单身者的角度考虑，都忽略了单身者除了要反逼婚，还要维护好与逼婚者的社会关系。网上支招的每一种建议不但效果存疑，还会破坏社会关系，副作用极大。

买戒指欺骗父母，父母当然会追问对方的信息：他（她）多大，哪里人，做什么的，收入多少，有房子吗，爸妈是干吗的……为了圆这个谎，你必须继续编造虚假信息把谎圆下去。万一父母知道被欺骗，会伤心，对你的信任度大打折扣。

租男女朋友更是烂招，女生租男朋友或者应招当女朋友，容易遭遇强奸。2013年11月就有一则新闻称，一个27岁的女孩在和一个男性回家的路上被强奸。即使不发生强奸，欺骗也是一种不正直的行为，回到家后怎么演戏、是否会穿帮等，一堆的问题接踵而来。

说“我的对象还没离婚”，也是解决了一个问题又引起新的麻烦。好的父母可能劝你分手，脾气不好的父母会认为你破坏别人的家庭、不道德，会责怪你，遇到道德感极强、脾气又暴躁的父母，挨打也不是没有可能的，总之很麻烦。

还有人支招说，家里长辈说“别人都结了，你怎么不结”，你可以反驳：“别人都死了，你怎么还不死。”有网友说，一个女孩回家时真的这样对一个将近80岁的姑婆说了这话，激怒了一大片长辈，被父亲痛骂一顿。反逼婚说什么话，视乎具体场合而定，要根据形势随机应变，机械地用某一两句话应对逼婚，并不明智。

为了逼婚成功，父母界也很拼，段子层出不穷，下面这个堪称利用亲情绑架的经典之作。一未婚朋友，回老家挽着她爸逛街，路过一个酒店门口广场的婚礼拱门，穿过后她爸忽然说：“咱们再走一次吧，等你结婚我怕我走不动了。”朋友当场泪崩，回沪后火速与多年男友摊牌，没几日两人决定结婚。一切尘埃落定婚礼结束后，她得知拱门一事是全家人策划，请教了多名成功逼婚人士而量身制定的亲情杀。

这个段子问题出在哪里呢？幸运的是，故事中女孩已和男朋友恋爱多年，很了解对方的人品、习性等，婚姻生活幸福的概率会比较高。试想一下，如果是刚认识不久的男友，了解还不充分就匆匆结婚，估计就悬了。利用亲情绑架子女逼婚的父母，总是以为结婚就等于幸福，眼里只有结婚这个仪式，忽略考量幸福婚姻需要的条件。一段感情是否到达能够结婚的程度、双方是否已经足够了解、是否都有信心和对方共度人生，这些问题只有当事人自己才清楚，父母是没办法知道的。做结婚的决定，当事人要基于以上的考量，而不是父母的催促。不少离婚就是因为父母催得紧，婚前了解还不够深入，婚后才发现问题。

我们还必须思考一个很重要的问题，在逼婚和反逼婚的过程中，即便出于良好的愿望，是否要使用不道德的手段，利用对方的爱和信任进行欺骗。我是极其反对不诚实、不道德行为的，所以我设计的反逼婚策略，秉承正直、诚实、道德的原则。

在我设计的反逼婚体系中，对父母的体系最详细，因为父母和单身者的关系最密切，也是施加压力的主要来源。这套体系旨在不伤害双方感情的情况下，促进代际沟通，通过对话解决逼婚的矛盾，建立平等的现代家庭关系。

理念在反逼婚体系中占据很重要的位置。结婚不再是个人的社会责任，而是个人的选择和自由，每个人都有权选择或不选择。有些单身者，连自己也觉得大龄未婚很丢人，别人问起来觉得很不好意思，就是没有正确的理念支撑使然。只有把单身归结为个人选择的权利，将其上升至信仰的高度，才能摆脱不自信，提升自尊程度。只有坚信单身是个人的选择和自由，内心深处接受自己的现状，对自己的生活方式有发自内心的认可，才有十足的底气和逼婚的人辩论。坚持和信仰这个理念，是反逼婚成功的基础。

“个人幸福是对父母最大的孝顺”是崭新的理念。提出这个理念，目的是破除不结婚（或晚婚）和孝顺之间的对立紧张关系。孝顺作为调整父母和子女关系的道德规范，内容必须随着社会变化和个人生活方式多样化而不断更新和调整。目前，主流社会仍然认为子女不结婚是对父母的不孝，把子女和父母的利益对立起来。进一步细究本质会发现，父母希望子女结婚，最主要的目的是子女的幸福。然而在现代社会，结婚已经不再是通往幸福的唯一道路，年轻人可以找到实现个人幸福的替代途径，这种途径不一定在婚姻领域，也可能是一个人安静地生活。让他们自主选择生活，在实现个人幸福的同时，满足掌控人生的欲求，其实也实现了父母对子女的希冀。因此，谈论孝顺与结婚的关系时，落脚点应该是结果而不是手段，有必要用“个人幸福是对父母最大的孝顺”取代“结婚等于孝顺”。坚持这个理念很重要，很多人被指责不孝时总是陷入迷茫的痛苦中，原因就在于深深认同“不结婚就是不孝”的理念，用新的理念替代旧的理念，年轻人才能彻底放下不孝带来的愧疚与自责，才能有利于调整父母和子女的关系。

反逼婚的短期目标是让父母不再逼婚，把结婚的自由完整地归还给子女，长期目标是建立平等的现代家庭关系。最近几年，家庭矛盾逐渐进入大众视野，心理学界持续批评中国式父母和子女之间没有界限，指责父母利用亲情绑架、控制子女的人生，逼婚就是界限不明显的表现之一，而反逼婚就是要破除这种旧式的代际关系，建立一种新型的现代家庭关系，在父母和子女之间划一条清晰的界线。

新型的现代家庭关系是怎样的？我认为应该是独立、平等、互相尊重。在家庭内部，父母、子女、兄弟姐妹都是平等独立的个体，具有独立人格，个人权利不因年龄、性别、辈分不同而不同，互不干涉各自的人生选择，对各自的人生具有自主权。同时，在生活中互相帮助，共同维护并享受家庭的温情，保持亲密关系的同时又有充分的个人空间。因此，反逼婚其实也是重构家庭关系的过程，是子女和父母双赢的过程，我提倡反逼婚过程要遵守沟通、诚实、正直等原则，也是服务于这个目的。

父母可以分成三类

开明派

代际关系相对平等，父母对子女管束少，基本尊重子女的意愿，为子女着想，理解并接受子女晚婚、不婚、丁克的选择，即使担心子女的未来，稍微沟通就能解决，不太干涉子女的生活。子女压力不大，基本不需要反逼婚。

中间派

对子女大龄晚婚感到忧虑，积极为子女牵线，劝说子女趁年轻结婚，无法接受不结婚、丁克的选择。容易受外界舆论环境影响，态度反复，控制子女程度不一，压力之下会使用语言暴力，基本上以子女的利益为重，可以通过沟通缓解或化解，反逼婚效果较明显。

冥顽派

思想观念传统、想法封建保守，自恃父母权威，控制子女的欲望强烈，会逼迫子女相亲，会棒打鸳鸯甚至包办婚姻，会辱骂和实施家庭暴力，从身体上和精神上伤害子女。很难沟通，须旗帜鲜明立场强硬，才能取得较好效果。

逼婚和反逼婚是一场代际间对择偶权的争夺战。子女和父母双方除却情感关联，两者之间具有重大的利益关系。父母为子女的付出在于儿时供养、资助买房、解决就业、帮忙带孩子等，子女给父母的回报在于充当父母的精神寄托、提供养老帮助。相比之下，父母对子女的付出远超子女的回报。作为情感和经济上的重要联盟，关系恶化对双方均有害无益。结婚自由的争夺，年轻人一定会成功，最重要的两个条件是：单身者普遍经济独立、养儿防老的生育初衷导致父母无法承受亲子关系破裂的代价。实际上，父母只有两个选择：要么接受儿女单身，要么“失去”儿女。而单身的你要做的是，坚持底线，长期努力。

受“剩女”舆论潮的影响，父母对子女结婚的关注度远比十几年前高。他们的忧心主要源于对新事物的不了解，对新变化不适应，对未来感到恐惧。与父母沟通结婚大事，可以分别从三个角度采取不同的策略，促进双方的了解，增进信任：社会角度的目的是增加父母对中国社会和婚姻家庭新变化的了解，消除信息闭塞导致的保守。从子女的角度谈谈自己的生活、想法、人生规划，目的是向父母展现你是一个值得信任的人，你有能力安排好自己的人生，有能力让自己幸福，而不是需要依靠一个伴侣，消除他们的担忧。从父母的角度考虑问题，了解父母的想法和需要，尽力为父母解决一些生活困难，提升他们的生活满意度，让父母感受到你的关心和爱意，借此交换父母对你单身的理解和支持。总的来说，就是对爸爸妈妈动之以情、晓之以理、诱之以利，从情感和利益两方面对亲子关系进行梳理，让他们认识到，相对你对他们的贡献来说，尚未结婚是一件可以容忍的事情。

需要提醒的是，在整个沟通过程中，你必须坚持自己的底线，毫不退缩，不要以为你稍微后退，能够换来父母的礼让。这是一场暗战。在他们看来，你的妥协是他们逼婚策略的成功，继而会得寸进尺，要求你继续后退，直至结婚。人格不健康、不够健全的父母，会对子女施加语言和肢体暴力欲令其屈服，对此我主张坚决的还击，用强硬的手段让父母明白界限所在。

社会角度：向父母介绍社会变化

社会变化非常快，微博、微信、QQ等社交软件的普遍使用，让不同的观念、思想得以互相碰撞、争辩，丁克、单身、同性恋等群体得以在社交媒体上发声，逐渐被看见，而发达国家生活方式多元化的相关信息，也及时通过网络传播到国内，结婚在中国的正统地位开始受到质疑。这就是单身者所处的大时代。父母那一辈的生活方式相对单一，思想观念也早已成型，对外界的信息接收的量和速度也比不上年轻人，所以对新事物新变化的接受度相对低。从社会变化的角度，向父母介绍中国婚姻家庭的现状以及所发生的变化，目的是促进父母的观念更新，缩小代际观念差异，让父母更容易接受晚婚或不婚。

介绍中国社会晚婚的大趋势

父母不像年轻人有很多机会接触到海量的信息，所以对社会变化的感知慢很多。年轻人把社会上正在发生的事情告诉父母，开阔父母的视野非常有必要。试想一想，父母一辈子都习惯随大流，别人做什么自己也做什么，当他们觉得一件事很少人做时，就会觉得你是非主流，和大家不一样，不安全，会要求你改变，变得和别人一样，其实也是寻找一种掌控未来的安全感。当你提醒他们，原来时代已经和以前很不一样了，很多人都很晚才结婚，他们就会结合生活经验，观察你说的是不是真的。只要他们留心，就容易发现晚婚的确是大势所趋。于是，他们的心理就会转变成这样：既然大家都这样，我的孩子也可能只是晚婚而已，很正常，催也没用，慢慢地也就想明白了。为了说服父母，你也要对社会的晚婚现象有所了解，要先掌握一些数据。

晚婚趋势于2013年确立：民政部网站2014年6月发布2013年社会服务发展统计公报显示，2013年25—29岁办理结婚登记的人数占结婚总人口比重最多，占35.2%，首次超过了20—24岁。就在2012年，20—24岁办理结婚登记的人数占结婚总人口比重还是最多的，占35.5%，当时25—29岁的仅有34.2%。到了2014年，25—29岁办理结婚登记的占结婚总人口比重仍然最多，占38.0%，比2013年提高2.8%。而2015年25—29岁办理结婚登记的占结婚总人口比重继续领先，占了39.4%，比上年增加1.4%。这说明全国年轻人的结婚年龄在推后，一波晚婚大趋势正在袭来。

在晚婚趋势中，上海独占鳌头，平均初婚年龄一直在增长，也就是第一次结婚的平均年龄。上海2012年男性的平均初婚年龄为30岁、女性为27.3岁，2013年男性为30.17岁、女性为28.19岁，2014年男性为30.11岁、女性为28.14岁。上海的平均初婚年龄在全国是最晚的，所以只提上海，不提其他城市。在向父母介绍的时候，着重介绍初婚年龄呈现增长的趋势。

如果你已经超过30岁怎么办？还有一个概念，就是结婚年龄，这个年龄是包括初婚和再婚年龄的，也即所有结婚的人的年龄的平均数，不区分初婚还是再婚。2014年上海平均结婚年龄男性为34.43岁、女性为32岁，2013年男性为34.02岁、女性为31.61岁，2012年男性只有32.72岁，女性则是30.3岁，已经连续五年呈上升趋势。

如果你已经超过35岁了怎么办？通常父母对这个年龄的子女已经不抱很大希望了，尤其是对女儿，能“打发”出去已是万幸，他们仍然尽力帮你牵线，但也会意识到困难很大。我们应该告诉父母荷兰的数据：

2011年荷兰男人初婚的年龄平均为37岁，女人是34岁，荷兰有很多先生孩子后结婚的男女。

芳长期在广州工作，她的父母在哈尔滨的农村老家。她38岁结婚，39岁生孩子，30岁前后几年，父母天天催她抓紧时间。她烦透了，干脆把妈妈接到广州，好让妈妈了解广州的情况。芳的妈妈在广州小住一段时间后发现，原来女儿的工作和生活都很好，还有很多三四十岁没结婚的女性朋友，才明白过来，原来大城市很多女人都单身，逐渐就放心了。为了彻底让妈妈了解婚恋市场，芳还带上妈妈一起去相亲。相了几次，芳的妈妈发现相亲的男人的确不理想，也明白了女儿的确没有合适的人选，也就不再催促了。亲戚那边还是老问，怎么办？芳主动向妈妈发起“进攻”：“你让她们别催，要再催，我就不回家了。”妈妈知道芳是说一不二的人，回家之后到处跑亲戚“灭火”：“以后别再说这件事，万一闺女不回家可咋办？”

这个事例说明，父母在老家对城市的情况不了解，容易出现认知上的偏差。多向父母介绍城市的情况，把父母接到你工作的城市住一住，帮助他们了解年轻人的生活，让他们知道越来越多年轻人晚婚的大趋势，有助于消除父母的担忧。有条件的话，带上父母去相亲，让他们看看不适合结婚的男人，也有助于让他们理解你的处境。

介绍离婚率连续增长的趋势

在说到晚婚大趋势时，可以顺便给父母普及离婚率的增长趋势。父母催着孩子结婚，也就是想孩子早点把终身大事搞定，以后老了有依靠。先不说这种想法对不对，但目的是为子女着想。他们有时候可能太心急，考虑不太周全，只要逼婚是出于这个目的的父母，若和他们谈论结婚的风险，他们就会变得谨慎。虽然父母急着让你结婚，肯定也不愿意你的婚姻受挫。因此，面对父母逼婚，你也可以拿出连续多年飙升的离婚率来提醒父母：结婚要谨慎，万一离婚了，再婚更难，尤其是女人。

在婚恋市场上，同等条件下男人更倾向于选择未婚女性，而不是离异女性。这对离婚后仍然想结婚的女人来说，是一个不小的打击。媒体仍然在不遗余力地明示或暗示，男人养育非血亲关系的孩子，很没有面子，间接导致带着孩子的离婚女人再婚难。在父母那一辈人中，女人离婚后再找对象很难，也是共识了。当父母催你结婚时，你可以搬出这一条：为了避免婚姻出问题，一定要好好把关，严格筛选。2014年11月，我在广州图书馆做反逼婚讲座时，一个女孩分享她的反逼婚经验时提到，她提醒妈妈“不能着急，离了更难找”，妈妈自此就很少唠叨她。

有些媒体报道称，北京、上海等地的离婚率高达30%—40%，其实都是计算方法错误所致，离婚率并未达到如此高的水平，不建议使用这些错误的数据。你可以使用以下数据，告诉父母离婚的增长速度比结婚的增长速度高，离婚率更是连续12年增长。

民政部网站发布的社会服务发展统计公报显示，2004年我国的离婚率仅为1.28‰，到了2015年已经稳步上升为2.8‰，中间没有任何反复，连续13年稳步增长。对比明显的是，结婚率从2014年起明显走下坡路，下降非常明显。2013年的结婚率是9.92‰，2014年下降至9.58‰，到了2015年下降为9.00‰，两年之内下降了0.92‰。

这种趋势并没有减弱的迹象。2015年民政部公布的数据显示，2014

年的离婚率继续呈现增长趋势。2014年依法办理离婚363.7万对，比2013年增长3.9%，初婚离婚率为2.7‰，比上年增加0.1个千分点。这意味着，从2003年起至2014年，我们国家的离婚率连续12年增长。

此外，根据美国的研究，离婚率高低是与结婚年龄有关。初婚年龄越小，离婚率越高，初婚年龄越大，离婚率越低。也就是说，结婚越早婚姻越不容易稳定，而30多岁缔结的婚姻会更稳定美满。你可以告诉父母这些信息，强调“早婚离婚率高，晚婚离婚率低”，将会有助于父母认可你的谨慎与等待。

美国男女初婚离婚率和结婚年龄的关系

结婚年龄	女性离婚率	男性离婚率
20－24 岁	36.6%	38.8%
25－29 岁	16.4%	22.3%
30－34 岁	8.5%	11.6%
35－39 岁	5.1%	6.5%

介绍婚姻存在的问题

中国的婚姻法对女性保护不足，对大部分女人来说，结婚充满风险，只有自己做好准备，精挑细选对的人，才能把风险降到最低。男人就不一样，一结婚就能享受婚姻红利。使用“向父母介绍婚姻现存问题”的这个策略，是女性反逼婚很有效的招数，为女儿着想的父母肯定不想女儿吃亏。

不过，当你提醒父母婚姻的风险时，父母却抱着侥幸心理，觉得你想太多，又或者你发现他们希望你结婚，只是为了自己的面子或者其他利益，比如多收一点彩礼等，你嫁个什么样的人无所谓，那你就要提高警惕了。这说明你的父母并没有把你的幸福放在第一位，催你结婚不是为你好，是为了他们自己。这个时候，和什么样的男人结婚，什么时候结婚，一定要有自己的独立判断，不要被父母的情感绑架，拒绝盲目顺从父母。

家庭暴力：2014年年初，全国妇联公布了第三期中国妇女社会地位调查报告，称在婚姻生活中曾遭受过配偶侮辱、谩骂、殴打、强迫性生活等不同形式家庭暴力的女性占24.7%，受害者90%是女性。同时，有调查显示40%的离婚与家庭暴力有关。也就是说，只要女人结婚，被丈夫施加肢体暴力的可能性是22.2%。另一方面，法律对家庭暴力的惩罚偏轻，2005—2012年，北京朝阳法院的22起公诉家暴案件虽然全部作出有罪裁定，但被判10年以上有期徒刑的只有2人，判1年以下或缓刑的共16人。这22案件中，故意杀人案就有5起。对于遭受家庭暴力女性的救济，最大的进步是2015年12月27日通过的中国第一部《反家暴法》，首次以法律形式明确家庭暴力的范畴以及相关刑罚。同时，2015年3月印发的《关于依法办理家庭暴力犯罪案件的意见》也明确了反抗正在进行的家庭暴力的行为，只要符合刑法规定的条件，就应当依法认定为正当防卫，不负刑事责任。不过，主流观念包括有些警察往往倾向于把家庭暴力解释为夫妻打架，而不是家暴，属于家务事，外人不应该介入，只要这种观念不消除，就无法建立有效的监督救助机制，家暴问题解决仍然任重道远。

被虐待致死最高只判七年：《刑法》第二百六十条规定，虐待家庭成员，情节恶劣的，处两年以下有期徒刑、拘役或者管制。犯前款罪，致使被害人重伤、死亡的，处两年以上七年以下有期徒刑。而第一款罪，要告诉检控机关才处理。《关于依法办理家庭暴力犯罪案件的意见》，把这个条款进一步细分，把主观上具有希望或者放任被害人重伤或者死亡的故意，持凶器实施暴力，暴力手段残忍，暴力程度较强，直接或立即造成被害人重伤或者死亡的剥离出虐待罪，以故意伤害罪或者故意杀人罪定罪处罚。

如果丈夫主观上不具有伤害和杀害妻子的故意，只是出于追求被害人肉体和精神上的痛苦而长期或者多次实施虐待行为，导致妻子重伤或者死亡的，又或者导致妻子自杀自残的，仍然按照虐待罪处理。也就是说，最高刑期只有七年。

丈夫强奸妻子无罪：根据妇联的调查，我国有11%的妇女遭遇婚内强奸。在法院的判决中，婚内强奸在2012年以前是无罪的。2009年广东佛山的一宗婚内强奸诉讼案，丈夫被判无罪。法院称“在正常的婚姻关系存续期间，任何一方都有与另一方同居的义务，性生活是夫妻共同生活的组成部分，在这种情形下对强行与妻子发生性关系的丈夫以强奸罪判处刑罚，与事实及法律相违背，也不符合我国的伦理风俗，丈夫不应成为强奸罪的主体”。强行与女性发生关系，只要该女性是自己的法定妻子，则不存在强奸事实，是合法的行为。也就是说，女人一旦结婚，连拒绝丈夫性要求这种基本人权都被剥夺。至今，婚内强奸问题仍然未得到舆论的关注。

家务劳动繁重无酬：2014年3月，经济合作与发展组织（OECD）对29个主要成员国男性分担家务的时间进行了调查。结果显示，中国男性投入到日常家务的时间为48分钟，排名倒数第五，仅多于印度、韩国、土耳其和日本。而中国女性每天在做家务上的时间是155分钟。不仅如此，大多数中国女性像男人一样需要工作，调查显示中国女性每天的工作时间为291分钟，排名第一。绝大部分中国女性既有全职工作，又要做家务和照顾孩子，有的甚至为了照顾孩子和家庭，早早退出职业生涯。她们为家庭付出的劳动都是没有报酬的，万一离婚，不管付出多少，都只能分割夫妻共有的、有形的财产。

婚内财产权被重挫：新婚姻法规定，夫妻各自的婚前共同财产归各自所有。按照社会风俗，一般都是由丈夫提供婚后居住的房产，这样一来，不管妻子为家庭付出多少，只要她离婚，那些付出的家务劳动就打水漂了。以广东省为例，2012年，广东省30岁以下的女性受教育程度超过了男性，女性的劳动时间超过男性，休息时间少于男性。但是广东女性名下有房地产的只有14.9%，而男性名下有房地产的有44.2%。也就是说，广东女性干得多，拿得少，拥有房地产的只有男性的1/3。不难想象，很多已婚女性居住的房子，房产证上只有丈夫的名字，没有她的名字。对于这些女人来说，不管将来谁的过错造成离婚，她在婚内多付出的劳动、牺牲的休息时间，都会变成泥牛入海。离婚会让她们变得一无所有，若不离婚就只能继续忍受不如意的婚姻。

列举反面例子

婚姻存在的问题很多，女人不得不谨慎对待，尽量在结婚前细细甄别，减少婚后的风险。父母是过来人，对婚姻的问题更加清楚，但是他们的性别意识不强，觉得不管遇到什么问题，都是“女人的命”的父母大有人在，因为太着急对重大问题掉以轻心的比比皆是，我们就要用具体的例子提醒父母“前方有陷阱”，清理他们的思维盲点和误区。严肃地告诉父母，正是因为陷阱的存在，对婚姻更不能操之过急。列举的反面例子，可以是离婚的、家暴的，也可以是急于结婚被骗财骗色的。

向父母列举朋友曾经离婚或者被家暴的经历，是为了向父母说明婚姻现存的问题。发生在自己朋友身上的事例没有距离感，更容易引起父母的关注。30岁的乔就向我介绍了用这一招对付父母的逼婚。她绘声绘色地向父母描述：她的一个闺密的妈妈催得太紧，闺密和一个男人认识两个月就闪婚，婚后才发现不合适，折腾了整整一年才离了婚。感情遭受重创，闺密的精神状态非常差，有时候还不愿意出门，差点得了抑郁症。乔的妈妈听完后特别紧张，担心自己的催促也会让女儿重蹈这样的覆辙，“还是不要逼她太紧，让她慢慢来吧”。

让父母意识到离婚是对女人很大的伤害，效果也非常好。媚20多岁起就相亲，一直没有找到喜欢的人。她妈妈四处请人帮忙物色，有时连刚认识的人，也厚着脸皮拜托对方。为了结婚的事，两人没少拌嘴，妈妈说她太挑剔，她说妈妈逼迫太紧。奇怪的是，媚32岁之后，妈妈像变了一个人似的，很少催她，还劝她不要着急，怕她嫁错人。原来，她生活的村子里有好几对夫妻闹离婚，年龄都在三四十岁左右。媚的妈妈发现，女人离婚要卷铺盖回娘家了，为家庭付出20多年的青春，最后什么都得不到。一直在农村生活，妈妈深知离婚的女儿回娘家，极有可能被兄弟和他们的媳妇嫌弃。她不由得联想到媚，态度从此发生一百八十度转变，还说要把家里的一块地给媚建房子，如果媚一辈子不结婚，她可以自己建个房子，与弟弟和弟媳分开住，就不会闹矛盾，不会被嫌弃。看到妈妈已经为自己的老年考虑，媚特别感动。

真心为子女着想的父母，非常希望子女的婚姻顺顺利利。若自己逼婚导致女儿嫁错人，他们肯定负不起这个责任。思就曾经对她妈妈说过，万一我嫁得不好，是不是你负责任？她妈妈就不说话了。

霞就是迫于父母的催促，仓促结婚导致离婚的。27岁时，同事给霞介绍了一个男朋友，两人相处得不错，恋爱也很甜蜜。父母觉得霞年纪也差不多了，催着她赶紧把婚事办了。霞看到父母着急，也觉得男朋友挺好的，就结了。可婚后才发现，老公是个妈宝，婆媳之间的矛盾，老公从来不问对错，总是站在妈妈那边指责霞，霞的身心疲惫不堪，考虑了三个月后，痛定思痛，离婚了。霞的父母内疚不已，全力支持她离婚。调整了半年之后，霞又恢复了婚前光彩照人的状态。她反思这段婚姻时发现，如果当初不是父母催得紧，和男朋友多相处了解一段时间，应该可以发现问题。从另外一个角度来看，若父母宁愿你以后离婚，也要你先结婚，绝对不能屈从于他们的压力，否则受害的是你。

若你朋友的婚姻都很幸福，没有离婚或家暴的例子，你可以搜罗朋友的朋友是否有遭遇过，或者听说的例子也可以，如果都没有，可以拿明星或名人被家暴的案例。

因急于结婚被骗钱财的反面例子近年来越来越多。如果你留意，就会发现有这样一类新闻：大龄女子急于结婚，被骗走所有积蓄，有人借了高利贷，给骗子“帮忙”投资。报警之后，只能拿回一点点。大龄男青年，为了早点结婚，给家人一个交代，到婚恋网站交友，落入了“酒托”的圈套，被骗上万元。有的男人网恋，给“女朋友”很多钱花，却发现女朋友是男人……

最近几年，不管是年轻男女还是大龄男女青年，对结婚都非常焦虑。针对这种现象，各种行骗手法也层出不穷。其实，这些骗术并不高明，若当事人不是太着急，完全可以发现蛛丝马迹。但很多人都有赌徒心理，希望赌一把，想通过满足对方的要求，要么是性要求，要么是金钱要求，顺利结婚。骗子的技巧只不过就是，伪装成理想的结婚对象。骗倒男青年的，一般都是装成漂亮、温柔又听话的女人；骗倒女青年的，一般伪装成土豪，又很真诚，很想早点结婚成家立业，女事主就是他想共度余生的人。对待事主，通常都是甜言蜜语，彬彬有礼，给人非常好的印象。取得事主的信任后，就开始以家人生病、做生意需要周转为由借钱。

赚钱对女人来说很不容易，单身女人需要自己解决养老问题，更加需要钱。三四十岁时积蓄都被骗光，是很可怕的事。与父母沟通的过程中，要让他们明白，逼婚会加剧你的焦虑，影响你的判断。我经常对未婚的女性朋友说，交了男朋友，可以享受性爱，但钱一定要小心。钱没了就真的没了，不知道要攒多少年才能攒回来，一定要保护好辛苦工作赚来的血汗钱，警惕以恋爱名义借钱的人。

列举正面例子

反面例子能让父母提高风险意识，正面例子可以给父母希望，一反一正两种类型例子的“夹攻”下，有助于让父母紧张的神经放松下来。

正面的例子是什么呢？就是女人年纪大了也嫁得很好，男人30多岁也娶到很好的老婆。首先可以在家族中找晚婚的例子。虽然说终身不结婚的女人不多，晚婚的女人还是不少的。若是你的家族有女人很晚才结婚，你就可以把她拿出来做挡箭牌。爸妈催促时可以说：“我们家××

也是晚婚，这是基因遗传，不关我的事。”如果你爸妈也是晚婚，就更好办了，随你怎么说。你可以这样说：“我这是遗传你们的基因，我也很想早点结婚，你们的基因太强大了，我拗不过啊。”也可以开玩笑地说：“把晚婚的基因遗传给我，你们是不是得赔偿呢？”估计你爸妈自知理亏，也不好意思说你了。

苏玉倚仗着有一个40岁才结婚的姑姑，成功击退妈妈的逼婚。苏玉的姑姑今年已经58岁，40岁才结婚，之前一直被家里视为“老大难”问题。当大家都认为她就要单身一辈子的时候，竟然就遇到玉的姑丈了。玉的姑丈幽默风趣，温柔体贴，和姑姑携手过十多年的幸福生活。不料姑姑55岁时，姑丈患癌症去世。两人的婚姻只维持了15年，不过平淡的幸福已经让姑姑很感恩。告别了婚姻，姑姑又开始了一个人的生活，更加没想到的是，她在58岁又开始恋爱了，对方的年龄和她一样。两人并不打算结婚，各自住自己的家，有自己的空间，一周约会两次，偶尔一起出外旅游。在爱情的滋润下，姑姑容光焕发，脸上总是挂着笑容。每一次，妈妈唠叨苏玉29岁了还沉迷旅游时，她总是说：我现在先和旅游谈恋爱，40岁了会像姑姑一样遇到爱的男人。有姑姑这个活生生的晚婚例子在，妈妈无言以对。

家族没有晚婚的例子，可以在朋友圈中找一下，同学、朋友、同事都可以，即便是朋友的朋友传来的消息也没问题。正面例子的作用是鼓舞人心，给人希望，不但只对父母，包括未结婚的人。我访谈时遇到虹，朋友的经历就给了她很大的信心。虹的朋友是事业型女性，经常被人说女强人嫁不出去，可是等到40多岁之后，终于嫁了一个十分满意的老公，老公的经济条件不错，很尊重妻子，共同分担家务，是百里挑一的好男人。虹很受鼓舞，把这个例子告诉父母，成功说服他们让自己耐心等待，一定能等到合适的人出现，妈妈见她如此坚决，就不再催了。

若朋友圈也没有晚婚的例子，可以放眼娱乐圈。最近几年，娱乐圈的姐弟恋、离婚再婚和晚婚新闻层出不穷，女明星的情感生活精彩纷呈。晚婚的例子很多，比如周迅40岁时和美籍华人高圣远结婚，高圆圆35岁时和台湾演员赵又廷结婚。曾经苦恋陈升的刘若英也在41岁时结婚了，同样在41岁结婚的还有莫文蔚。莫文蔚曾经被媒体封为“齐天大剩”，但没几年后还是结婚了。林心如和舒淇也在40岁结婚了。还有最近大热的钟丽缇和张伦硕，46岁的钟丽缇带着三个女儿幸福地嫁给小她12岁的张伦硕。有这些女明星做榜样，你和父母就有了希望和等待的勇气。

个人角度：告诉父母你的处境

中国家庭里的父母和子女，很少能够坐下来坦诚沟通，说出自己的想法。想知道对方在想什么，都是猜来猜去，就算直接问，也会觉得不好意思，很尴尬。我倡导的反逼婚核心是通过沟通消除代际误会，在反逼婚的原则中，其中两条就是主动沟通和不放弃沟通。父母辈的观念已经成型，让他们承担起改变沟通方式的责任难度有点大，我主张年轻人承担改变者的角色，主动改变原来互相猜测式的交流方式。具体怎么做呢？就是要告诉父母自己现在的情况、未来的规划，让他们确定你一个人可以过得幸福，对争取他们的理解、支持非常关键。

和父母聊聊现在的生活

现代社会人的流动性大大提高，离开老家到城市工作的单身男女，每年只能趁着节假日尤其是春节，才有时间回家和父母亲人团聚，平时也就只能打打电话或者视频、微信等。由于子女回家的机会太少，父母会在电话里催促："有女朋友没有？""要不回家相亲吧！"电话这种传播手段最大的弊端在于，很难把话说清楚，任何一方随时可以中断通话。应付电话逼婚，首先是要耐心，不能被父母牵制情绪。打电话是很方便的事，爸妈可以随时拨通你的电话问东问西，若控制不好情绪，你的生活很容易被影响。保持耐心，努力克制，把你的想法告诉父母，若电话沟通就能互相理解是最好的，若不能，可以暂时搁置话题，"这事以后再说"，避免争执。若对话无法进行下去，可以先挂电话以后再谈，"下次再说"。

若电话逼婚无法扰乱你的情绪，接下来便是节假日时面对面的短兵相接。节假日尤其是春节，好不容易回一趟家，陪父母聊天是必须的，听听父母唠叨家长里短，听一下亲戚或邻居的八卦，可以迅速掌握老家动态，了解父母的想法和状态。

既然是聊天，工作和婚姻这么大的事情肯定会聊到。父母也很迫切地想知道子女的情况：身体好不好、和同事相处怎么样、工资高不高、有没有男女朋友、打算什么时候结婚等。应该和父母聊什么呢？可以谈两个大问题：一是为什么还没有结婚，一是现在过得好不好。一般来说，工作和婚姻是互相纠缠、互为因果的。如果理由正当，单身生活又有声有色，一个人过得很开心，很容易就能取得父母的理解，得到他们的支持。

年轻人推迟结婚，和工作有密切的关系。调查显示，大城市的生存成本高，竞争十分激烈，越来越多的年轻人为了得到职场的发展机会主动推迟结婚。这样的例子在生活中很常见，有的人会在二十七八岁时觉得有必要进修，要么是回学校读研究生，要么上培训班，考取职业资格证，也可能是出国留学，生活一下子变得特别紧张忙碌。有的人30岁才开始创业或者跳槽，工作有变动，事业处于攻坚期，自然需要集中精力应对，没有时间考虑结婚的事情。

经济积累不够也是晚婚的重要原因。现在的房价很高，养育孩子的成本也飞涨，即使很想结婚，若没有一定的经济实力，买房结婚和养孩子会很吃力。一想到这点，男人会觉得压力很大，就会推迟结婚，等经济宽裕了或者事业有起色时再作打算。

还有一类人，工作和收入稳定下来了，房子也买了，自己也非常想结婚，也一直在相亲，但是没有遇到合适的对象，自然也就结不成婚。如果你是这类人，就直接告诉父母，的确是想结而结不了。

你还要告诉父母，一个人的生活是怎么样的。父母那一辈人通常只有一个选择，就是结婚，根本无法想象不结婚的生活。你就需要告诉他们，你一个人烦心事很少，有很多时间玩乐，你知道该如何过生活，经常和朋友聚会、看电影、吃饭。单身生活偶尔也会闷，需要陪伴，但这样的时候一个月大概三两天，并非不可忍受。父母知道原来单身并不是他们想象的那样可怜兮兮，你一个人过得简单快乐，自然会放心和支持你。如果你一个人过得很糟糕，就得反思和重整你的生活了。告诉父母你过得好，并不是倡导你撒谎、报喜不报忧，而是希望你真的探索出一条精彩的单身之路，让自己具备一个人也能幸福的能力。

和父母沟通，要学会放下心里的芥蒂，坚信自己能够做到。不要太严肃，学会拿自己打趣，放开了，你就有信心做得好。有时候，也可以有技巧地说，比如父母说到谁家又娶媳妇了，你可以开玩笑地说："你们是不是也很想我早点结婚呢？"就可以顺着父母的回答说下去。至于应该和父母说哪些情感状况，很多年轻人认为不方便说得太细，那你就可以告诉父母是否谈过恋爱，谈过几个，什么原因导致分手，你想找什么样的伴侣，现在是遇不到合适的人抑或是还有其他原因等。

经验显示，通过和父母沟通，说明自己所面临的情况，可以增加父母的理解度和接受度。当父母知道孩子的确想结婚，只是暂时找不到合适的人选，也就不会逼得太紧。宇是我2011年访谈的大龄未婚女青年，当时31岁，老家在广东一个县城的农村。妈妈特别担心她的婚事，也很自责自己一辈子都在农村，没有能力为女儿介绍对象。为了让妈妈安心，宇在春节回家的时候和妈妈详谈了一次，明确告诉妈妈："我也想结婚，但真的找不到，难道随便找一个男人结婚吗？"宇还把自己谈过恋爱的两个男朋友和相亲过的男人拿出来，逐一告诉妈妈她为什么会和这些男朋友分手、相亲的男人有什么缺点、为什么不适合结婚，妈妈听了之后也很认同女儿的判断，并借此了解了宇的想法。这次敞开心扉的谈话，让妈妈知道宇有很好的判断能力，从此更加信任她。宇的妈妈和其他大多数妈妈一样，虽然心里很着急，但很认同宇坚持的"喜欢才结婚"的原则。

中国的父母和子女的感情表达很含蓄，即使深爱对方，也不会说出来。我认为，父母和子女常年不在一起住，表达感情的机会非常少，应该倍加珍惜团聚的日子，并适当改变含蓄的情感表达方式，直接向父母表达你对他们的爱，你可以给他们热烈的拥抱，或者直接告诉他们你很爱他们，让他们接收到你的爱意。我们不习惯像外国人那样拥抱，实际上拥抱很容易拉近人和人之间的距离。几年前我很少回家，导致和我的外甥很陌生。从2012年起，我每次见到他都首先给他一个大大的拥抱，真的很神奇，我们的关系变得非常亲密，就算很久不见，也没有陌生感。趁着回家看望父母的日子，尝试用语言、行动直接表达你对他们的爱意吧。

让父母知道你的未来规划

一个人对自己的未来是否有清晰的认识、具体的规划，以及规划是否可行，显示出他对自己人生的掌控能力。父母担心子女的结婚问题，绝大部分是出于生育和养老的考虑，尤其是对女孩子，传统观念认为女人嫁了才有归宿，有老公才有依靠，生了孩子才能在老年生病时有人嘘寒问暖，卧床时有人端茶倒水。但他们并不知道，不管是女人还是男人，只要做好规划，自己完全有能力赚到足够的养老金。优质的老年生活，越来越不取决于是否有孩子，而是养老金是否能支撑期望的老年生活质量，能不能购买优质的养老服务。要打消父母对你的养老问题的担心，你就要向父母展示你对职业发展、房子、经济收入、养老问题、兴趣爱好、旅游休闲等重要问题是有思考的，拿出一个详细又可行的人生规划，告诉父母，你是一个值得信任的人，对未来可能遇到的困难，你已经做好评估和准备，请他们放心，即使迟点结婚或者一个人，你也可以过上富足的生活，老来亦无忧，请他们给你足够的空间。

如果你已经超过30岁，父母认为你年纪大了，合适的男人数量也不多了，生孩子和养老是非常迫切的问题。那你可以告诉父母，还没有买房子的你打算什么时候买房、现在的收入有多少、未来是否可以增加、职业是否有提升空间、你是否已经开始为养老存钱、打算居家养老还是去养老院、养老金够不够购买护理服务……

如果你是一个在读学生，你可以告诉父母，你是否准备考研、想找什么样的工作、现在要考什么资格证、是否有出国进修的规划、职业发展目标是什么、打算什么时候结婚等。对学生来说，找到工作，适应社会，掌握生存技能，培养独立的生存能力是最重要的。但有的父母太着急了，往往从大三就开始催婚，扰乱孩子的心绪，导致孩子做出不利于职业发展的选择。为了加强反逼婚的效果，你还可以告诉父母“毕婚族”的弊端，比如不成熟、经济不独立，容易影响感情、错过职场机会等。

我建议大家先花点时间思考自己的未来规划。如果已经考虑清楚是最好的，若是你从来没有思考过这个问题，就要抓紧时间了。这既是反逼婚的需要，也是你对人生的梳理，是迟早都要做的一件事，早规划早点做准备，可以为自己的人生赢得更大的自主空间。至于如何向父母介绍自己的情况，也需要技巧，具体参照“不想结婚的人如何和父母沟通”部分。

雯今年36岁，经过一番摸爬滚打，34岁那年才找到事业发展方向，现在特别拼。她也渴望结婚，但生活重心已经不是结婚，并打算做好独身的准备。大龄未婚并未给她造成太多压力，她说父母的家就是自己的家。而她的安全感来自于工作上的每一点进步和自我提升。处在36岁这个年龄的她，已经有多年的单身生活经验和工作经验，心智很成熟，思想和性格也相当独立，对未来的工作和生活有清晰的规划。她和父母谈了很多次，把自己的想法都告诉了他们。父母知道女儿能干，也对自己的人生有很好的安排，房子和车子都有了，收入也高，即使单身一辈子，老年生活也会很有保障，就放心了。现在父母非常支持雯努力工作，先发展自己的事业，至于结婚的事，就耐心等待缘分的到来。

雯属于高收入人群，在家里的地位很高，能够左右父母的决策，所以很容易说服父母。大部分“剩女”收入一般，工作一般，要想说服父母得到她们的支持，需要具体详细的未来规划。淇生活在二线城市，一直在私营企业工作，收入大约一个月4000元，但公司没有为员工购买住房公积金，直到38岁仍然住在家里。父母特别着急她的婚事，不断劝说她降低要求，有一段时间，父母甚至每个星期都去公园的相亲角，为她抄很多男人的资料回来。密集的相亲，令她筋疲力尽，还影响了她的内分泌系统，脸上长了很多痘痘，身体也差了很多。她觉得这样下去不是办法，就拒绝了所有相亲。不过，这个过程并不是那么顺利。由于她的收入不算高，还“蹭”家里的房子住，父母尤其是妈妈对她的打压很严重，因为她不肯相亲，还引发过几次争吵。幸好，她顶住了压力。

远离了烦扰的相亲，淇有更多时间思考婚姻的利弊，并且更加客观。她发现，自己这个年龄结婚很不划算。而且自从停止相亲之后，她的心情轻松了很多。于是，她开始踏实地规划单身生活，用了两年时间学习理财，制定了买房和养老的规划。她告诉父母，规划5年内攒到房子的首期，44岁买房子，房贷20年，之后一边还房贷一边攒养老金，同时她开始留意养老院的价格、环境、服务等，并计算出自己大概需要多少养老金。在职业发展方面，淇一直抓得很紧，得益于此，她的发展一直向好，成功避免了行业衰落的负面影响。她还规划要多考一些职业资格证，提升职场竞争能力。父母知道她有自己的安排之后，一直高压逼婚的态度软化了很多。

经济基础决定上层建筑，子女和父母的关系也如此。在分析逼婚构成的压力部分，已经谈过这点。收入越高的单身者越有能力摆脱父母的控制，更自主决定自己的人生方向，降低对家庭的依赖。而收入一般的单身男女基本上只要经济独立，就有成功反逼婚的资本。不过，要自己一个人解决养老的问题，最重要的是提高收入，同时向父母展示你的能力和未来规划，其实也就是展示你的经济实力。

父母角度：设身处地为父母着想

反逼婚是一个重构代际关系的过程，目标是理顺代际关系，在父母和子女之间划清楚权利、义务以及隐私的界线。这个过程，会让子女和父母双方都受益。在反逼婚的具体对策中，我站在父母的角度提出一些策略，厘清父母的需求和想法再对症下药，以求“药到病除”。我强调，单身者在坚持满足自我需求的同时，也应尽量满足父母除结婚生子外的需求，在两者之间寻求最大公约数，从而让反逼婚的沟通过程成为双方均受惠的和解之道。

听听父母的想法

中国父母对子女的付出太多太厚重：养育成人、供读书、帮忙买房、帮儿子娶媳妇、把女儿嫁出去、为子女带孙子，一辈子为子女忙碌。婚姻的确是人生大事，好的婚姻可以促进个人成长，坏的婚姻会给人生带来动荡，父母才会忧心。两代人之间缺乏沟通就会产生误解。解决这个问题需要双方平心静气地谈一谈。越来越多单身者到远离父母的城市工作，回家的机会很少，能够面对面和父母深入聊工作、聊生活、聊人生的机会非常少，敞开心扉聊感情、聊婚姻的更是少。当你主动提出沟通，首先是向父展示愿意与他们协商的友好姿态，消弭矛盾对立的紧张感。

从务实的角度看，父母对你尚未结婚这件事是怎么想的、希望你结婚吗、对你未来的伴侣有什么要求、是否一定要有房子、不喜欢什么样的女婿或儿媳妇……这些问题都会影响婚后的家庭关系，在谈恋爱之前先了解清楚，做好沟通，可以避免见家长时才发现的矛盾，还可以清楚婚后家庭矛盾的隐患。

自由恋爱已经成为共识，但仍然有一种习惯的做法，就是要取得父母的首肯才能结婚。若是父母不喜欢自己的男女朋友，很多情侣即使深爱对方，仍然会顺从父母的意思，选择分手。父母对你、你的婚姻以及你的伴侣是有期望的，与其等你与恋爱对象有深厚感情之后再谈，倒不如先听听他们的意见。当然，父母有自己的看法，并不表示都是合理的，都应该听从。若你认为某些要求是不合理的，应该表达你的看法，在交流中取得共识。

父母有丰富的生活经验和人生阅历，尽管有些可能已经不适合现在的时代，很多仍然可以为年轻人提供借鉴，这些你可以听一听，让自己少走弯路，少摔跟头少吃亏，生活更加高效，也会让父母感受到你对他们的尊重。

在农村的父母，很容易在子女面前产生自卑感，也会因此变得很敏感。中国的养老模式仍然以家庭养老为主，导致父母会根据子女的态度，推测自己在子女心中的位置。父母很怕自己对子女没有用，会被子女抛弃，所以会做很多事情证明自己对子女仍然有用。有研究显示，父母耗尽毕生积蓄为孩子买房，是主动参与协商与子女的亲密关系。子女给予父母充分的尊重，顾及他们的感受，维护他们的自尊，是非常必要的。

和父母进行沟通，是双方打开心扉，表达自我的过程。当你把想法、工作和生活的现状或困难都告诉父母，他们也把自己的担忧和期待告诉你，是互相理解、消除误会很重要的一步。在结婚这件事情上，子女和父母的利益大体是一致的，坦诚沟通之后，父母更加理解和支持你，在你追求幸福的路上增加助推力，你也知道如何减少父母的担忧，一家人同心协力，往一个方向使劲，增强家庭内部的情感交流，亲情更温暖人心。

配合并请父母安排相亲

这一点是指参加父母安排的相亲，并请父母帮忙寻找、挑选相亲对象，但不符合自己的择偶要求坚决拒绝。这种策略意在向父母传递满足父母的意愿、积极寻找伴侣的善意信号，对缓解因大龄未婚产生的龃龉或父母以孝顺的名义施压所造成的关系紧张，效果非常明显。

无法如父母所期待的那般顺利结婚，配合相亲也是给父母的重要抚慰。对于和父母一起住的人来说，相亲并没有时间周期，找到了相亲对象随时可以约时间见面。对于和父母不在同一个城市的人来说，父母的人际关系网络大都镶嵌在原生家庭所在城市，一般趁节假日子女回家看望父母之际安排相亲，所以才有“每逢佳节被相亲”之说。社会关系网络广的父母能在子女工作的城市帮忙找到相亲对象，这样相亲也很便利。一直在农村或城镇的父母，社会关系网络局限在农村和城镇，能为子女提供的相亲资源相当少。

由于父母把帮助子女结婚视为义务，子女年龄大了还没结婚，会认为自己没有履行义务，也要承受道德和舆论压力。有时候父母也会觉得委屈，那就让父母帮忙找人介绍，让父母忙起来，让他们满怀希望，生活更有目标和奔头。未婚女性可能都有过这样的经历，就是当你觉得不结婚很可怕，以后会孤独终老的时候，马上登陆一个婚恋网站，搜索男人，然后给他们发邮件，马上感觉自己还是有希望结婚的，孤独终老这样的事情不会发生在自己身上，你的心慢慢淡定下来，不再慌张。若是你收到对方回复的邮件，你会更加踏实，因为结婚的希望更大了。这就是行动带来的希望，对父母来说也是这样的。子女怎样才能早点结婚呢？当然是行动起来，到处托朋友亲戚或者邻居帮忙介绍对象啊，介绍得越多希望越大，怎么样也会有合适的嘛。所以请父母帮忙介绍相亲，就是向父母示好，传达友善的信号。

有的人说父母太爱管事了，结婚就是我自己的事，我不想他们干涉。如果你有这种念头，建议你趁早打消。为什么呢？因为这就是中国的婚恋文化的现实。父母含辛茹苦把子女养大，掏出毕生积蓄给子女买房子，深度参与子女的生活，结婚这么重大的事情，按照目前的婚恋文化来看，父母不闻不问是不可能的。就算他们不问你，也肯定是在心里着急。这种情况下，你是不可能要求父母不介入的。那怎么办呢？请他们一起来努力，托亲戚、朋友、邻居找一找，有没有合适的人，拉过来相亲。安排了的相亲，高高兴兴地参加，不喜欢就直接拒绝。当他们尽力了，把所有相亲资源都用完了，你还是没有找到合适的对象，自然也就认了。

有的单身者很羡慕外国年轻人的自由。谈恋爱不需要知会家长，认定了或结婚，再带回家和父母见面，而且只是知会父母，不是取得父母的同意，子女完全掌控择偶自由权，父母根本无权参与。的确是这样的，可是这是西方的年轻人和父母争夺择偶自由权的胜利果实，他们也经历过父母包办婚姻、恋爱自由但父母却有权否定子女的选择等阶段，中国社会如今正在经历的逼婚和反逼婚，也是这样一场战争，需要我们努力去争取胜利，把择偶自由权要回来，促进婚恋文化的变迁。每个人的努力，会铸就社会的文明与进步。

让父母从你的单身选择中获益

大龄未婚者的父母的确要承受很大压力，但在诸多逼婚的原因中，没有比利益更加具有说服力，更能影响父母的态度以及决策。这个策略的核心是，让父母从你的单身选择中得到好处，把他们的利益与你的生活方式捆绑在一起，动之以情、晓之以理之后，就是诱之以利了。

社会普遍认为，子女年纪大不结婚就是对父母的不孝。父母常常用这个理由责怪子女，亲戚、朋友、同事甚至是路人，一听说30岁还没结婚，也常常脱口而出“你不孝顺父母”。在大众的观念里，结婚被认为是孝顺父母的内容之一。若遵循这个规则，逼婚和反逼婚的矛盾是不可调和的，我们要做的是重新框定孝道的外延，把结婚或按时结婚从孝道的清单中移除出去。对父母来说，子女大龄未婚本身就带来道德压力，子女抗争引发的将是失去权威的失落感以及观念调整，这将是长期而痛苦的过程。子女应该帮助父母顺利度过这个阶段，我建议大家更好地做好“孝顺”其他方面的要求，提升父母的生活满意度、幸福感，让父母感受到你的爱意。这个策略有一种“我能做的、该做的都做了，你也别逼我的”意味。

子女孝顺与否最牵动父母神经的是养老问题。由于社会保障体系还不够完善，中国还有至少一半的老人要依赖家庭养老，在农村依赖子女养老的比例更高。当你违背父母的意志，坚持不结婚，容易让父母联想到你可能会置年迈的他们于不顾，养老金不够也不支援的种种想象，而这种想象容易带来绝望。即便你要夺回结婚的自主权，但若是你对父母的爱更浓，比以前更孝顺，可以抵消坚持不结婚给他们带来的心理冲击，为争取父母支持你单身做好铺垫。

怎样才能让父母感知你的爱和孝顺呢？总的来说是提升父母的生活满意度，可以从物质和精神两方面入手。物质方面，大的方面可以资助父母购买新房，或者在老家建新房子，改善居住条件。如果父母有欠债，帮父母还点债。这些都可以帮助家里解决大问题，实实在在地让父母过上好的生活。在小的方面，你可以在生活上多关心父母，给父母买新衣服，帮他们买份保险，买他们喜欢吃的或者没吃过的东西回家，过年过节给父母零花钱，每年定期带父母体检，父母生病时给予足够的关心，给父母买保健品，资助父母旅游，多陪父母聊天等，让他们感受到你孝顺的心意和爱意。对充满内疚感的单身者来说，多为父母做事、对他们好一点，可以减轻自己的内疚感。

另外，你还要照顾父母的心理和精神需求。衰老给父母带来的心理冲击是巨大的，他们担心无法完成帮子女完成嫁娶大事的任务，也无法帮子女带孩子，不再对子女有用，既心生愧疚，又惧怕在情感上被子女抛弃。你除了要明确告诉父母，这不是他们的任务外，还可以鼓励父母寻找老年生活的精神寄托，丰富老年生活，或者帮助他们实现被搁置的念想或梦想，让他们忙碌起来，把注意力从你身上转移到他们自己身上。

我在健身房认识一个六十出头的阿姨，特别喜欢跳舞，由于长期的训练，气质特别优雅，一看就知道是长期跳舞的人。有一次，我和她一同离开健身房去坐地铁，便聊了起来。原来她每天坐一个小时的地铁到健身房跳舞，还花钱参加了舞蹈老师开的小灶班。她在20多岁时就特别喜欢跳舞，可惜那个时代太动荡，没有条件好好练习，结婚之后又要忙着家庭、孩子的事情，直到退休后才彻底解放，有时间把跳舞这个梦想捡起来。

“真的很开心，憋了20多年的事情，终于有时间去做了。”她告诉我，实现梦想激发了她无比的热情，退休后的七八年里，她一直坚持跟舞蹈老师上课，身体因此变得更健康，几乎感受不到衰老对生理机能的影响。她还结交了一大帮同样热爱舞蹈的朋友，朋友一下子多了起来，有时上完课会和姐妹们去喝茶聊天，周末会一起去爬山、品尝美食，生活充实忙碌，精神状态非常积极向上。至于子女的事情，她除了帮忙带带孙子之外就很少管了，全部让子女自己做主，就算是大事，也只需要向她通报一下就行了。

从这个迷恋跳舞的阿姨的经历来看，由于社会发展条件的限制，父母那一辈人或多或少都会有些未了心愿。如今社会生活水平已经比过去大大提高，你完全可以鼓励父母行动起来，弥补过去的遗憾，多尝试不同的事情，追求自己想要的生活。子女的婚嫁、孙子的养育，不应该成为他们老年生活的困厄，余下的时间完全属于他们自己，既可以实现未了的心愿，也可以挖掘兴趣和爱好，吃喝玩乐享受人生。我认为，帮助父母实现精神上的解放，是子女对父母最高层次的爱，相信父母接收到你的爱意和善意之后，会很宽慰，也会用宽容的态度对待你的选择。同理，父母对子女最高层次的爱，并不是日常生活的嘘寒问暖，而是给予子女足够的自由和空间，让他们追求和自由选择想要的生活。

有新闻报道已经透露出，父母开始意识到女儿不出嫁能够为原生家庭带来好处。2015年3月8日《齐鲁晚报》报道了29岁的李迎梅18年来一直悉心照顾因病卧床的父亲和母亲，无暇顾及婚姻的事情。试想一想，如果李迎梅在适婚年龄就结婚生子，根本无法同时照顾患病的父母和自己的小家庭。实际上，她大龄未婚对父母是有很大好处的，尽管父母出于对女儿的关心，希望女儿能找到好对象，不过他们从来没有对女儿逼婚。

西方学者研究亚洲女性的不结婚现象时曾经指出，东方的父母发现未嫁的女儿可以持续为家庭贡献收入时，越来越能接受女儿的不婚。从新闻报道来看，国内也已经出现了这种情况。一则新闻引用其中一个打工妹的话说，厂里的姐妹都不着急，每年给家里寄钱，父母也不会催着她们回老家结婚。因此当你想说服父母支持你的迟婚或不结婚，应该从多方面入手，提高父母的生活满意度，让父母从你的选择中受益是非常重要的反逼婚策略。

应对父母的羞辱和侵害

不是所有父母都爱子女，不是所有爱子女的父母都懂得如何爱子女。不爱子女的父母不会为子女着想，不懂如何爱子女的父母会用不恰当的方式伤害子女。若发现父母不爱自己或爱演变成羞辱，怎么办？

反逼婚的策略核心是沟通解决问题，在维护良好的代际关系的基础上建立平等的新型家庭关系。但有的时候，父母不顾及你的想法、感受和幸福，利用亲情进行绑架、敲诈、施加压力，使用语言暴力、冷热暴力迫使你就范的话，就要有维护个人权利的意识和决心，善于利用资源坚决反抗。父母和子女是平等的独立个体，互相尊重的关系才是健康的。当父母不再遵守这个前提，你也没必要顾及父母的权威和身份地位，一味忍耐退让。只有反击才会让父母懂得遵守界线，同时也向父母传递明确的信息，你是恪守原则的，不是他们所能控制的。

反抗父母之难在于两方面：一方面是情感上的跨越，一方面是技巧上的学习。在每个人的情感中，与父母的连接是亲密关系中最重要的部分。从小到大，我们都被教育要听话，要孝顺父母，以为听父母的话就是孝顺父母，也一直如此践行。当我们作为与父母平等的独立个体，按照自己的意愿决定过什么样的生活、结婚与否、什么时候结婚、和谁结婚，不再顺从父母的旨意却被普遍解读为不孝，大部分人因此产生道德负担，认为自己惹父母伤心，让父母担心，从而对父母感到内疚并自责。“看到妈妈哭了，我不忍心”“妈妈生气我不结婚，高血压又犯了”……在逼婚中，有的父母非常善于利用亲情作为攻势，软化子女的态度，影响他们的决定，进而控制其婚姻和人生。应对的办法，只能是前面所说的用全新理念来划清楚河汉界，规范权利和义务的适用范围，借以跨越两代人之间的情感连接造成的模糊界限。

技巧的学习也不容易。在我们的人生中，“听话教育”的主旨是服从，并不鼓励和提供机会给个人进行自我表达，我们因此缺失如何捍卫自身权益的训练，但生活中这种训练是极其关键的，意见不一样、利益有冲突时，我们应该怎样谈判，如何讨价还价，有可能双赢吗，如何辨别对方的弱点，哪些利益是可以让步的，底线在哪里……直到我们被逼婚时才发现退无可退，必须开始学习与父母谈判，协商个人的自主空间。对于向来缺乏谈判训练的人来说，如何和父母博弈是相当大的挑战。可是即便再困难，也要迎难而上，才能夺回和捍卫婚姻自主权。

拒绝父母的语言暴力和羞辱

父母逼婚很重要的原因是关心子女，担心没有家庭的庇护，子女的生育和养老问题不能得到很好的解决。即使是因此自己承受莫大的舆论压力，或者是想抱孙子逼婚的父母，也仍然是在满足心愿的同时兼顾子女婚姻幸福。父母逼婚的背后，大多是对子女深沉的爱。然而，在长久的焦虑和烦躁以及逼婚而不得的沮丧中，父母很可能会产生不理性的行为，比如惯性地用年龄贬低女儿的价值进行羞辱。

婷到了35岁还很坚定，决不将就结婚，并且已经做好独身的准备。她的妈妈原本非常积极帮她介绍男朋友，也很支持她等待对的人出现，但婷过了30岁之后妈妈就越来越着急。有一次，两人又因为结婚的事情闹别扭，妈妈口不择言：“你以为自己很漂亮是吗，挑来挑去，都30多岁了，年纪这么大，哪个男人还要你？”婷特别受伤，立即对妈妈的羞辱进行还击，两人大吵一架。“真的无法相信，这是我妈妈说出来的话，我太难过了。”以前不管妈妈怎么催，她知道妈妈只是在关心自己，但被妈妈这样羞辱，她受到了前所未有的伤害。

社会主流价值观对大龄女性极其严苛，“老了贬值”“老了没男人要”之类的话，非常伤害女性的自尊。即便这是现实，但当这样的话从最爱的父母嘴里说出来，对单身女性的伤害非常大。女儿大龄未婚，妈妈们会习惯性地从女儿身上找原因，“嫁不出去是长得不够漂亮”“太胖了”“太挑剔了”，期望女儿改变自己，顺应婚姻市场的要求，即便要求不合理。妈妈使用语言暴力，打击羞辱女儿，非常常见。女性一直是被改造的客体，在妈妈们看来，女人结不成婚理所当然要改变。

如果你发现父母某些行为、语言让你感到不舒服，甚至是对你的自信和自尊造成了打击，应该立即告诉父母你的感受，并要求他们停止伤害，不要忍受和纵容类似的伤害行为。反逼婚是在父母和子女之间建立良性的沟通，在互相尊重的基础上互相理解和支持，而不是某一方的忍耐和付出。

如果父母不理会你的抗议，仍然用语言对你实施精神上的伤害，要严正告诉他们“你这样说我不高兴”“不想吵架，以后不要和我说这样的话”“你伤害我了，必须向我道歉”等，在采取行动之前，正式表达你的态度。如果父母不立即改正，可以采取进一步的措施。对父母的行为要奖罚分明，“和稀泥”的态度只会是坏的暗示。例如，父母忽略你的感受，可以冷处理，不理会他们三五天。若再不改正，冷处理期限至两个礼拜，什么时候改正，什么时候和好如初。冥顽不化坚决不让步的，你可以搬出去住，离他们远远的。若经过抗议，父母理解和支持你，则可以嘉奖，可以请他们吃饭、多陪他们聊天或送点小礼物等，表达你的谢意与爱。你可以通过一段时间的演练，建立一套规则，规范父母的行为。坚持一段时间，父母摸清楚你的底线，自然会遵守规则。

有人担心，要是态度过于强硬，会惹爸妈不高兴。我认为，你要反思一个问题：为什么你宁愿忽略个人的感受而优先考虑父母？这种行为只会纵容父母继续做出伤害你的行为，这并不是孝顺，而是个人弱势的标志。如果你缺乏勇气，这种做法可能只是掩盖个人缺乏反抗勇气的幌子。

试想一想，为什么爸妈不担心你不高兴？难道他们不知道太过分会伤害你吗？以他们多年的生活经验，这是不可能的。但具有羞辱性、攻击性的语言轻易地从他们嘴里吐出来了，这是因为他们不在乎你的感受。为什么不在乎你的感受？因为你没有让他们知道，伤害你的行为需要付出代价，而代价就是你的不高兴、愤怒。在和父母博弈的过程中，界限并非自然而然地产生，而是双方经过多次较量后建立的。从来不主动出击，不坚决反击，而指望父母主动退让来尊重你的选择，只是一种幻想。“会哭的孩子有奶喝”，天上不会掉馅饼，正视自己被父母忽略的现实，勇敢地迈开反击的步伐，积极参与代际关系规则的制定，才能捍卫你的生活方式。最重要的一点是，考虑个人的感受并不是自私自利。在奉行集体主义的社会，个人主义总是被污名化为自私，然而个人主义在私生活领域的崛起势不可当。追求个人幸福，注重个人感受，是正当的个人权利。

对强迫相亲、交往的行为立场强硬

前面说过，父母介绍的相亲能去的尽量去，用配合相亲向父母传达善意，但仍由自己掌握否决权。但实际上，由于父母大多着急把女儿嫁出去，常常仰视男方，夸大其优点和条件，不断要求女儿做出改变，降低择偶条件，放弃应有的原则与坚持。当女儿表示不想去相亲、不喜欢对方、不想继续交往时，父母会一边洗脑，一边施加压力，逼迫其去谈恋爱，还要求她们按照对方的喜好改造自己。这种情况下就不能配合了，顺从的态度只会让父母感到，很容易控制你。通常来说，这种情况多发生在原生家庭在城市、和父母一起住或父母子女在同一个城市的单身者身上。

菱是我2015年春节辅导反逼婚的女孩。她在事业单位工作，刚刚30岁，工作很稳定，但收入不是太高，妈妈做生意，爸爸是公务员，在爸妈的帮助下已经买了房子。2014年11月，在亲戚的介绍下，菱认识了一个博士。在爸妈和亲戚眼里，错过这村没这店，菱以后绝对不会再遇到如此优秀的才俊，“名校毕业，有房，工作很不错。我也和他相处了两个多月了，才见过三次面。”凌苦恼的是，两人见面的次数不多，还完全没有感觉，不管是见面还是聊微信，两人更像普通异性朋友而不是恋人。凌很想断绝和他的联系，却担心亲戚那边有误会，因为是亲戚介绍认识的，于是先征求妈妈的意见。妈妈当然不答应，“这是你最后的机会了，你还挑什么挑？”妈妈的话让凌非常不高兴。可是她没有把感受告诉妈妈，因为她知道妈妈也不在乎。一直以来，妈妈都是家里的决策者，性格异常强势，脾气也非常不好，连凌的爸爸也让她三分。这和凌的妈妈财权在握有关。她经商，赚的钱比较多，是家里的经济支柱。

凌尝试挑战妈妈的权威。妈妈打来的电话不接，发微信不回。凌的妈妈手段特别高超，懂得如何击中凌的痛处。“我不接电话，她就用陌生电话号码打过来。她微信里还说，吃不下睡不着，血压升高，问我是不是要整死她。”看到妈妈的“惨状”，凌有点内疚。爸爸也发来微信劝说凌，“妈妈也是为你好，不要气她。”妈妈的病情攻势迅速软化了凌的态度，凌继续按照妈妈的意思和博士相处着。

妈妈认定博士是未来的女婿，在朋友圈发微信，张罗两家父母春节见面，把婚事定下来。妈妈对凌培养感情的速度非常不满意，给她下了新的要求：每天给博士打一个电话。为了监督凌履行任务，妈妈每隔两天就跑到凌的家里，盯着她打完电话才回家。2015年情人节，凌的妈妈相当重视，就好像她自己过情人节一样。前一天，博士告诉凌，次日会去找她一起吃饭。“这哪像是有诚意要谈朋友的？情人节这么重要的节日，竟然前一天下午才约我情人节吃午饭。”凌猜测，博士也是被家里逼得太紧，不得不应付她。凌的妈妈可不管这些，严阵以待备战情人节。那天，妈妈一大早就赶到凌的家里，帮她挑选衣服，搭配包包、耳环，并化了淡妆。“她让我穿得漂亮点，不能太随意。”妈妈还准备了一份情人节礼物——一个男士钱包。

情人节约会很顺利，两人互赠了礼物，不过博士和凌吃完午饭就分别了，预期中的一起看电影并没有发生。草草收场的情人节让凌再次确认郎无情妾无意，遂在内心深处彻底将其否定。那边厢，凌妈妈已经打算约未来亲家见面。我一直鼓励凌要早点结束这段拖沓的关系，防止妈妈越陷越深。终于在年二十五那天，凌明确告诉妈妈，春节会出去旅游，不会参加见面会。春节的七天假期，凌和闺密在另外一个城市吃喝玩乐，躲过了逼婚的“春劫”。

像凌这样被父母安排相亲，逼迫谈恋爱，也是比较常见的。男尊女卑的传统导致单身女性的父母低声下气。他们不信任女儿对结婚对象的判断，认为女儿要求高，不切实际，才会过早否决相亲对象，要由他们亲自把关。承认爱情对婚姻的重要性的父母认为，感情需要培养，多见几次就会有感觉；认为结婚就是过日子，条件好才是最重要的。父母认为，情感不重要，经济条件过关，多见几次就可以领证结婚。尊重女儿的父母，分享自己的想法后，对感情的发展完全放手，把决定权交给女儿。控制欲强的父母，会三番四次地要求女儿延长对男性的观察期，以期捕捉到不放弃的理由。他们使用的手段多样化，软的包括唠叨、哀求、利用健康原因要挟，强硬的手段包括命令、责骂或者是家暴。他们做的一切，无非就是希望早日把女儿嫁出去。与此相反的是，单身男性的父母会更加自信，经济条件好的更是趾高气扬。即便相亲不合适，被挑剔，但他们不会要求儿子自我改造，大不了继续相亲。男性和女性的主体和客体地位，在父母对待单身子女的态度上表现得淋漓尽致。女人由于被定义为客体，所以总是处于被改造的位置，而男人不是。

我建议，被父母要求改变向男人的审美和择偶标准靠拢的单身女性，可以先与父母沟通，解释你的否决理由，若父母不接受并一意孤行，直接无视他们的不合理要求。有些父母看到女儿心意已决就会作罢，但有的父母会认为权威受到挑战，因而采取更加严厉的强迫手段，例如责骂。你要依据父母的性格和自己的实力估量，是否能承担违反父母意志的后果，比如你住在父母家，若是他们赶你离开家，你能否支付得起房租。如果关系已经恶化至无法继续和父母一起住，就设法离开父母家，不要和他们住在一起，去租套房子，一个人独自生活。在这整个过程中，你所表现出来的坚定的意志和决心，是阻吓父母逼婚的重要因素，毕竟与子女决裂是大多数父母不愿意看到的。

矛盾无法调和时离家或不回家

前面分析父母的逼婚压力时说过，父母的逼婚之所以构成压力，与很多因素有关。其中最重要的一点是子女的经济独立，只要经济上不依赖父母，就具有反逼婚成功的可能，而绝大部分被逼婚的单身者，经济都是独立的。次重要的是和父母之间的物理距离，离开父母到其他城市工作，或者就算和父母在同一个地方，但不和父母一起住的单身者，逼婚压力都非常小，可以说距离是抵挡逼婚的天然屏障。和父母一起住的好处很多，可以节省房租、不用做饭做家务、生病了可以得到父母的照顾。不过弊端也很明显：一天24小时，父母想什么时候唠叨你，马上就可以发送“炮弹”过来，很容易让人心烦意乱。

经济不独立、又和父母住在同一屋檐下的单身者，压力是最大的，这部分人应该努力让自己变得经济独立。如果经济独立、和父母住在一起，尝试了书中所提及的策略也无法化解父母的逼婚压力的，可以尝试搬离父母家，自己一个人租房子住，或者和朋友合租。若是已经买了房子，可以搬到自己的房子住。父母逼婚态度恶劣，说话很难听，经常责备你，你感觉不舒服、生活得不开心，就一定要及时搬出去，用距离缓冲一下矛盾。

芸所经历的逼婚相当惨烈，爆发起来杀伤力非常巨大。芸23岁那年，父母就马不停蹄地为她安排相亲。男方家里有几套房、收入有多少是父母最看重的。芸也很认同，父母只是为了自己婚后过得好，所以不忍心拒绝，乖乖地和相亲对象一一联系。不过，见了几十个人，有的也曾经尝试相处两三个月，但相处很不愉悦，也就拒绝了。她的爸爸不依不饶，认为芸拒绝了有经济实力的人，太自不量力。芸这才开始察觉，父母的择偶观和婚恋观和自己的差异很大。

“他性格跋扈，非常瞧不起人，没有礼貌。开车时拼命按喇叭，把引擎踩得呼呼响，边超车边嘲笑前面的车没有档次。”芸这样描述她的一个相亲对象。他还很不尊重芸，去吃饭不会问芸的意见，直接把她带到平价餐厅，点了一份20多块的快餐，饭后甜点是芸请的。芸由此推断他是吝啬之人，和自己的消费观念不一样。但芸的爸爸却认为，有钱人小气很正常，结婚变成一家人，就不会对老婆小气。芸继续向父母解释不考虑这个男人的理由，却被父母嘲笑心比天高，自以为很了不起。爸爸还建议她，要主动约对方看电影、牵手、亲吻，也可以约他一起去游泳，穿上泳衣展现自己的女性魅力。

芸气炸了，根本没想到父母为贪图对方的钱，可以让自己如此卑微，坚决不从。妈妈动员姑妈和姨妈做芸的思想工作，让她抓住这个好机会，飞上枝头变凤凰。抵不住劝说，芸又约了这个男人见面，但男人依然十分自我，芸再也受不了，彻底放弃。

后来，芸自己交了一个男朋友。爸爸知道后，动用所有关系摸底，发现他的经济条件非常一般，远远比不上之前的有钱男人。妈妈发飙了：“你是不是和他睡觉了，私订终身，哪个女孩子像你这么轻薄。”爸爸要求芸和家里有钱的男人和好，并反复和芸强调：“女人失去贞洁会被人瞧不起，一辈子都不会幸福。如果做了丢人的事（失去贞操），自己闯火车、跳楼或者跳江去，不要丢他的脸。”芸赫然发现，父母根本不爱自己，并不关心自己的幸福。

绝望之下，芸搬离了父母家，足足半年没有理会父母。新家离公司很远，上班非常不方便，芸每天上下班要花三个多小时，不过比起在父母家住受的气和屈辱，生活轻松多了，人也开心许多。父母仍然会时不时打电话给芸，责骂她不孝顺，翅膀硬了铁石心肠。“莫哀大于心死，他们并不爱我。我要好好爱自己，让自己有尊严地活着。”芸依然每一个月给父母送500元生活费，但坚决拒绝父母插手她的婚事，也全然没有了当初不听父母的话产生的愧疚。

从芸的经历可以看出来，父母的控制欲是非常强的，完全不考虑芸的感受，不断要求芸改变自己，放下自尊，甚至是穿泳衣用身体去取悦有钱人，遭遇芸的反抗，就嘲笑和打压芸的自信，非常善于利用亲情、道德绑架，迫使芸遵循他们的旨意。幸运的是，芸及时意识到父母的行为对自己造成的巨大伤害，果断搬出父母家，用距离隔绝了继续伤害。.

另外，有些大龄男女青年自从发现“每逢春节被逼婚”后，干脆不回家，以躲避“春劫”。有的人会在工作城市过年，有的人会出外旅游。总之就是不回家，省得被父母、亲戚、邻居催得郁闷。

被逼得太急，不回家是很好的一种反逼婚策略。2014年1月，广州一对父母在澳大利亚的中文报纸《墨尔本日报》的头版刊登了整版的寻子广告：再也不逼儿子相亲了，呼唤儿子快点回家。原来，每年春节，这对父母趁着在澳大利亚留学的儿子回家期间，都给儿子安排很多相亲，把儿子惹烦了，干脆不回家也不跟父母联络，他们急得像热锅上的蚂蚁，只好刊登寻子广告。

这个事例告诉我们，子女与父母闹翻而不回家，对父母的打击是非常沉重的。原因是什么呢？可以从经济和精神两方面进行分析。经济方面，我国目前的养老模式仍然以家庭养老为主，子女承担着对父母的养老责任，如果子女断绝和年迈父母的联系，意味着他们将失去养老的依靠，这将是对父母的致命打击。这在农村是相当普遍的，即使在城市，比如广州，受养老体系覆盖的老人也大概只有60%左右，有40%左右的老人仍然靠子女供养。父母要实现含饴弄孙的梦想中的老年生活、万一哪天生病需要子女照顾，或者失去生活自理能力，需要子女长期服侍，都是要依靠子女。可见，子女对父母的重要性是不言而喻的。另外一方面，即使享受退休金的父母，在精神上也离不开子女。绝大部分父母仍然会以子女为精神寄托，与子女的情感连接之深和子女对父母的感情是一样的。如果子女因为逼婚逼得太紧不回家，对父母可是天大的事。和逼婚比起来，子女不回家会让他们损失更惨重，所以如果你使用这一招，会相当有效。其实父母逼你结婚的理由，也可以用来对父母进行反逼婚。看到这里，你肯定会发现，这两个理由在前面已经讲过多次，这里又再重复，是因为这真的是非常重要的事实，却一直被单身者忽略。

我不提倡大龄男女青年都和父母断绝来往，不回家这一招只是万不得已的策略，优先采用其他策略解决，父母逼得太紧了，实在没办法再尝试这个策略。父母对子女很重要，子女对父母也很重要，维护与父母良好的关系，不损害亲情与信任，是反逼婚很重要的目标，不应该轻易放弃。另外在使用策略时，可以进行前提试探，比如，向父母撒撒娇："你们再逼我，我就不回家了。"如果父母还是我行我素，你可以再严肃点跟他们说，告诉他们你不回家的后果。

遭遇家暴要报警，坚决捍卫个人权益

社会一直向我们传递这样的信息：家是温暖的港湾。不管工作多累，在外面受了多少委屈，回到家总能得到亲人的抚慰。在充斥家庭本位的舆论氛围下，家庭内部的欺凌与暴力，受害人经历的屈辱和痛苦却被忽略和掩盖。在有如丛林的家庭内部，父母掌握大部分资源，占据天然的道德优势，相当一部分思想守旧的父母仍然持有“子女是自己的私有物品”的观念。他们总是以“为你好”之名控制子女，控制失败时容易恼羞成怒，动用拳头让子女臣服于他们的权威。

在逼婚过程中，打骂子女的父母不算普遍，但就我接受咨询的案例来看，仍然有个别人投诉被父母家暴。遇到这样的情况，怎么办？我的建议是，放下亲情的顾虑，报警，拿起法律的武器，正告伤害你的人：对暴力伤害行为，你会追究到底。

韵自小就是乖乖女，学习、工作和生活一直由父母安排。小时候报兴趣班，妈妈从来都不会征询她的意见，妈妈认为什么对她好就去学，所以她从小就学习跳舞，因为妈妈觉得跳舞有助于培养女孩子的优雅气质。大学选专业，爸爸认为学会计就业面广，她就读了会计专业，虽然她很讨厌数字。大学毕业后，工作也是由爸爸安排，回老家进了一家国企工作。韵从来不曾怀疑过父母的决定，直到25岁才开始学习反抗父母的安排。“我妈说结婚就是过日子，感情不能当饭吃，遇到条件好的就得赶紧嫁。”她告诉我，那是她第一次怀疑妈妈的说法。由于她的坚持，29岁的她仍然单身。

随着年龄的增长，父母日益焦虑，爸爸变得越来越暴躁，经常骂她。妈妈不但不支持她，反而和爸爸一起骂她。她想搬到外面住，爸妈又不同意。家里的争吵越来越多，爸爸除了骂，还会打韵。轻微时是打耳光，重时用脚踹，这几乎让韵崩溃。终于有一次，爸爸又打了她耳光时，她拨了110。警察上门，韵坚持要警察处理。“我变得连我自己都认不得了，当时我就是觉得自己不应该再任由他欺负。”韵的爆发把爸爸和妈妈都震住了。由于未达到刑事犯罪的标准，警察对韵的爸爸进行了口头教育，事情就了结了。那以后，韵搬到朋友家住，之后租了套房子学习独立生活，离父母远远的。此后韵的父母收敛了许多，再也不过问她结婚的事情，还经常让她回家吃饭。“听他们的话这么多年，我不想再继续下去了，我希望按照自己的意愿生活。”她有点激动。

父母与子女几十年来建立的情感联系，是年轻人反抗父母逼婚和包办婚姻的最大障碍。当父母对自己挥动拳头时，才发现父母并不爱自己，给单身者的冲击是巨大的，那是长久被欺骗的绝望感。

爱一个人并不能正当化与合理化对他的伤害。被自己爱的人打骂，伤害程度远比陌生人施加的伤害更深。爱一个人，也不是容忍被侵犯的理由。在自己和他人之间，自己的权利永远是排在第一位的。划清权利和义务界线的意义在于，我们能够准确地守住界线。在界线之内再谈相亲相爱，才是健康的关系。父母对子女施行家庭暴力，说明你们的关系已经严重恶化，亲情守则已经不适用，这个时候应该跨越情感的束缚，把公权力引入到家庭内部，以公平公正为原则，再次调整被破坏的亲子关系。在力量不对等的对抗中，公权力的介入尤其重要。在利用调动现有社会资源捍卫个人权益方面，女性应该毫不犹豫，你是自身利益的最好把关人。在捍卫结婚自由和生活方式这件事上，你应该有寸步不让的决心。

我们来看一个例子。据2012年4月的一则新闻报道，浙江嘉兴桐乡的35岁的小菲为躲避母亲“唐僧念经式”的催婚，搬离母亲家，在外面租房子住。大年初八那天，母亲和弟弟专门去她家劝她回家，又发生了争吵。小菲被逼急了：“你们别再逼我了！妈妈你就这么希望我走吗？”一旁的弟弟很恼火，打了小菲几个耳光和十几拳，小菲左侧三根肋骨骨折，肺也被震伤。伤心失望之余，小菲坚持要追究弟弟的刑事责任，很快弟弟被检察院批准逮捕。

小菲做得非常正确的一点是，不因家人的求情和劝说而屈服，不为弟弟包庇犯罪，坚持用法律解决问题。小菲已经从家里搬出来了，却还被弟弟打，如果她放弟弟一马，家人肯定会认为她是容易对付的，以后小菲如何在家人面前坚持主张，家人怎么可能会尊重她的选择。把弟弟送进监狱，为自己讨回公道，既可以纾解被暴力侵害带来的无力感，又在家人面前树立起不可欺的形象，震慑作用非常大。我相信，小菲的妈妈和弟弟肯定不敢再逼她结婚，也不敢管她太多，小菲得以成功地消除逼婚压力，掌控自己的生活。

面对父母施加的家庭暴力，放不下孝顺的道德包袱，无法克服对抗父母的自责，拒绝报警，规避国家公权力的介入，后果只能是独自消化家庭暴力带来的身体和精神上的双重伤害。一边是对父母的深厚感情，一边是维护个人权利的意识，情感与理智对决，犹豫之下倒向情感，放弃个人权利。亲情绑架的最高境界是，利用亲情说服受害者包庇对自己的犯罪行为。对这种行为，让施暴者得到应有的惩罚，就是最好的反击。

有的单身者担心，和父母的关系闹僵了以后怎么办？总不能一辈子互不理睬吧，毕竟是父母。的确，这个问题让单身者反逼婚时顾虑很多。我认为，不管是离家出走还是报警，和父母产生的龃龉都会随着时间的流逝淡化的，事后你也可以主动修复关系。在具体的逼婚和反逼婚情景之下，双方的情绪容易被挑起，关系剑拔弩张，事后冷静下来，看法和心态会慢慢改变。鉴于与父母的关系的重要性，双方都会有强烈的修复意愿，只要你不抗拒，和父母重修旧好只是时间问题。

你为什么容易被亲情绑架

“你不结婚我们就断绝关系。”有一次，一个粉丝在微博上向我求助，他的父亲以断绝父子关系为要挟，逼他娶指定的女孩，好早点生孩子，让家里香火后继有人。他很苦恼，他希望妻子是自己深爱的女人。我给他提了一个建议：按照自己的意愿行事，耐心等待喜欢的女孩出现，父亲只是嘴上说说而已。

为什么这么说呢？几乎每个单身者都具备反逼婚成功的条件，一是单身者普遍经济独立，生存并不依赖父母，一定可以摆脱父母的控制；二是父母辈比子女辈更无法承受亲子关系破裂的代价，父母辈的生育初衷是养儿防老，与子女撕破脸，多年来在儿女身上的投资将得不到回报，不可能为了逼婚和子女断绝关系。中国社会保障体系仍然不完善，至少一半以上的父母养儿的目的是防老，期待老年需要帮助时，子女能够向自己伸一把手。含辛茹苦把孩子养大了，正是要享受子女回报、安享晚年的时候，和子女决裂肯定会吃大亏。单凭这一点，单身男女青年根本无须担心所谓的“父母要断绝关系”之类的威胁，正如前面所说，即便形势所迫，暂时损害亲子关系，日后也可以修复关系。

在反逼婚的咨询中，我常常鼓励来访者态度要强硬，学会对父母说“不”，学会坚持自己的底线，和父母相处要有原则，对自己有信心，保持高昂的斗志。正如前面反复提到的那样，反逼婚这件事，父母根本没有赢的空间，只不过子女道德感太重，容易被孝顺这种道德规范绑架而心生愧疚感，加上性格又比较软弱，不懂得斗争策略，毫无原则地让步，从来不敢坚持底线，一下子被父母抓住命脉，步步进逼，才会导致手足无措，生活充满挫败感和沮丧感。若是性格坚强，自己化解孝顺的道德自我要求，轻轻一拨就能卸载“孝顺”规训的捆绑，都能摸索到反制父母的秘诀，解决逼婚的问题。

亲情绑架是父母逼婚最常见的方法，也是最有效的，尤其是寻死觅活式的亲情敲诈，效果立竿见影，比如“你年纪这么大不结婚，让我丢尽了面子，我上辈子做了什么孽”“我都吃不下饭睡不着觉了”“我身体不好，你想气死我是不是”“你想逼死我是不是”“你年纪这么大还要帮你操心，什么爱情啊，谁家不是过日子”，等等。微博上一个粉丝告诉我，她只要看到妈妈可怜巴巴的眼神，就于心不忍。另外一个粉丝说，她总是向朋友哭诉父母把持她的人生，可回到家听到父母唉声叹气，又不忍心不听他们的话，惹他们不高兴。

然而，寻死觅活式的亲情绑架对一些女孩是不管用的。在一次朋友聚会中，宁向我介绍了她堂妹的反逼婚经验。宁的堂妹态度非常强硬，对父亲丝毫不让步。她的爸爸曾经威胁她：“你再不结婚，我就去跳楼死了算了。”堂妹回答得特别爽快：“你去啊。”她爸爸一下子愣住了，没想到亲情撒手锏竟然对女儿失效，他当然没有去跳楼，从此之后再也没有逼迫女儿，他很清楚“寻死”是最后的武器，这样都无法让女儿就范，他已经别无选择，只能接受女儿的选择。

另一个粉丝被妈妈威胁说“你是想逼死我”，她立即说“我们搂着一起死”，马上就治好了妈妈以死逼婚的“毛病”。她的妈妈很清楚其中的利害关系，就算女儿不结婚，以后会继续关心、孝顺她和丈夫，但如果女儿死了，一点好处都没有。另外一个女孩也利用这招，灭了她妈妈的嚣张气焰：“我会跟她说，你想逼死我啊，她真的怕我死掉，就不敢逼太紧了。”

同样的技巧，有的人使用之后反逼婚成功，但有的人根本不会使用。我认为，能被亲情绑架，在父母的胁迫之下妥协的人需要重新审视自己，大概是因为你还没学会独立思考问题，父母的意见才能对你产生重大的影响，在重大事情上你并非独立做决定，而是父母的意志代替了你的个人意志。另一方面，可能是你的性格比较软弱，父母成功地利用你的弱点控制你，而你亦习惯于被控制，毫无底线地忍让侵犯。父母自小把你养大，对你的性格、品性了解得一清二楚，道德绑架是他们最有效的议价资本。当你无法抛开亲情的束缚，甘愿用牺牲自我为代价践行孝道，以爱、关心为名的逼婚会就带来很大的困扰。我相信，喜欢控制子女的父母，绝对不会止步于逼婚，婚后还会逼你生孩子、反对你离婚、逼你生二胎。习惯于被控制的你，也会一步步就范。

我们应该如何看待与父母之间的冲突？有很多女孩担心，反逼婚会引起争吵、伤透父母的心，但她们也想改变，所以经常问的问题是：“怎样才能让父母不逼我结婚，又不惹父母不高兴？”根据对咨询者的观察，女性通常不愿意引发冲突，就算利益受损，也会选择忍耐退让。

求助时，她们提出的要求往往是兼顾捍卫利益与维护良好的关系，不管侵犯她的是父母、朋友，还是同事。必须指出，维护关系和捍卫个人利益，两者能兼得是最好的，若不能兼得，应该以利益为重，放弃关系。片面追求“不翻脸”，节节败退，会给自己营造一个软弱可欺的形象，向外界传递一个信息：你是软柿子，好欺负，他们就会步步紧逼，而你会逐渐沦为弱势一方。只有坚定地维护自己的权益，用实际行动告诉对方：“我不高兴，我有决心和勇气，我有能力维护捍卫自己的利益”，才能在一段关系中争取主动的局面。弱者是无法左右关系走向的，换言之，如果你在一段关系中处于弱势地位，你所期待的“良好关系”是不可能实现的。相反，若双方力量保持平衡，不管是亲情、友情还是爱情，才能朝着健康的方向发展。

忍耐父母用伤害与羞辱进行逼婚，是纵容父母伤害自己的恶行。父母很清楚，羞辱子女会带来伤害，却仍然倚仗父母的身份行恶，这个时候你还顾念亲情不追究，实质上就是被亲情绑架。正如前面所说，健康的亲子关系需要互相尊重，既然父母不尊重你，没必要忍气吞声。亲子之间的互相尊重，是需要博弈的。所以，在反逼婚过程中，你必须学习变得强大，学习如何利用现有资源维护一段平等的关系。你必须向父母传递清晰的信息：你的要求是正当的，你绝对不会满足他们不合理的要求，让他们失去和你议价的筹码，并理直气壮地告诉他们，你们做错了，正义站在我这边。改变软弱的性格，学习拒绝，让自己变得越来越坚定、强硬，你才有资本抵制父母的逼迫，而不必屈服于压力随波逐流，也为结婚后杜绝父母的干涉做好铺垫。具备了这种能力，你在经营其他社会关系时也能得心应手。

刘强的两段婚姻就是不反抗父母控制所导致的悲剧。他是我朋友的表弟，婚姻比同龄人波折许多，今年不过33岁，就离婚两次。他的两次婚姻都因为妈妈的介入而一地鸡毛，第一次被妈妈逼着离婚，第二次被妈妈包办婚姻，也以离婚收场。他的妈妈兰性格很强势，喜欢管人，一直把丈夫和孩子的生活管得严严实实。兰是一名会计，可能职业习惯所致，把工作上的精打细算带进了儿子的婚姻。

刘强的第一次婚姻，是和他喜欢的女孩结的。女孩个性直率，能力很强，本来是天大的好事，但在婆婆兰看来，这个媳妇不服管，以自己的能力管不住，于是暗中挑拨儿子两口子的感情，终于把两人弄离婚了。不久后，兰开始给儿子物色对象，并选定了年轻漂亮的女孩玉。儿子娶个年轻漂亮的媳妇，自己脸上有光，这是兰选择玉的最大理由。可是刘强并不喜欢玉，心里十万个不愿意，但他拗不过兰。办婚礼那天，刘强穿着新郎礼服，蹲在马路边号啕大哭。恰好姨妈路过看到，刘强悲伤难抑，搂着姨妈放声痛哭。

婚后，玉马上辞掉工作，让老公养家，自己天天在家玩。她觉得自己年轻漂亮，就应该被刘强养着，还要求老公下班后一定要陪她。刘强每天的工作压力很大，下班时已经很累，到家后只想好好休息，根本没有精力陪玉玩。玉可不干，觉得老公没有照顾她，不断闹，她的父母也跑来为女儿助阵，兰这才发现这个媳妇不好应付，又怂恿两人离婚。刘强本来就不喜欢玉，和她生活了一段时间感觉特别累，也答应了。于是，刘强的第二段婚姻维持了一年多后也结束了。

刘强非常孝顺父母，很听妈妈的话。刚工作那年，兰以他花钱大手大脚为由，收缴了他工资，直至结婚之后，他的工资仍然交给兰保管。

他工作很多年了，一个月的工资有8000多元，但他每个月只能从兰那里领到500元的零花钱，买任何大件物品都必须征得兰的同意。刘强根本没有意识到让渡经济大权的严重后果，我的朋友提醒他要自己保管钱财才能独立，要向妈妈要回自己的钱，可惜他考虑最多的是“妈妈会很伤心”，并没有采纳建议。

刘强有较高的收入，但却经济不独立，他孝顺父母，并对妈妈唯命是从。从经济基础到性格，刘强都不具备摆脱兰的控制的条件，他的两次婚姻才会被母亲深度介入。性格软弱的人不改变自己，在任何事情上都容易被欺压。

那应该如何改变，才能让自己不要太心软，更加坚决果断呢？你可以先从学习拒绝父母的小要求做起。例如，父母要求你周六晚上在家陪他们吃饭，你可以安排一个约会，告诉父母你周六晚上要赴约，不能陪他们吃饭。在日常生活中多练习拒绝，围绕自己的需求做决定，时刻注意自己的感受和父母的反应，通过一件一件小事的成功实践，累积起拒绝的技巧和勇气，也让全新的自己成长起来，直至你可以毫无负疚感，淡定从容地对父母说：不要逼我结婚。

我所倡导的对父母反逼婚的策略是变更传统孝道的观念及其内容，厘清子女和父母之间的权利、义务关系，在财产上和父母分割清楚，主张子女也按法律规定、道德义务赡养孝顺父母，从理念上、经济上和道德上做好准备，对抗父母的逼婚。反逼婚的效果还取决于父母的性格、脾气和父母与子女的相处模式等因素。有的父母强势蛮横，对子女生活的介入程度很深，有的父母通情达理，解释清楚就还子女自由等，单身者还需要根据自己和父母的具体情况，不断摸索适合自己的策略。

同居不结婚的人如何和父母沟通

在结婚占据绝对主流地位的社会，主动远离社会主流生活方式，成为少数群体，需要具备相当的条件和勇气，对抗法律、政策的挤压和社会偏见。在中国，同居是不受法律保护的，同居和已婚两种状态中的女人所享受的无论是法律待遇还是道德支持，都差距甚远。一位女性朋友告诉我，结婚和同居对她的实际生活影响并不大，但她一定会结婚，原因之一就是结婚可以让她占据道德制高点。她说，若老公出轨，社会舆论会站在她这一边，为她摇旗呐喊打“小三”，这一点红利是选择同居的女人无法享受的。选择同居而不结婚的女性，要考虑很多方面的问题。现实生活中，的确有一部分人选择了同居。有一部分是不得已为之，比如一方不愿意领结婚证，有一部分是双方深思熟虑之后的共同选择。主动选择同居的女性，想必是性格独立、思想开放，自主性很强，对自己很有担当的女孩，所以必须对勇敢的她们点赞。

我有好几个女性朋友，30岁出头时和伴侣开始同居，并共同出资买了住房。两人对同居都很有默契，非常认可这种生活方式，并不打算结婚。但他们的父母尤其是女方的父母并不理解，母亲的想法是：既然和结婚没什么两样，就应该领张结婚证。按理说，同居也有稳定伴侣，只是缺一张结婚证而已，为什么家长却不依不饶逼婚？原因在于，在父母看来，这张结婚证才是对女人的保障。

比起空窗期的女人，同居的女人承受的父母逼婚压力会更大。为什么呢？因为你已经有合适的男朋友了，感情稳定，或者房子也买了，具备所有结婚的条件，在父母看来是万事俱备只欠东风，结婚只是去一趟民政局而已。而找不到合适对象，是反逼婚中非常正当又“高大上”的理由。父母再着急也都清楚，现在这个年代，年轻人对婚姻的情感要求高，一定要找到喜欢的人才结婚。这种要求，既正当又可以理解。没结婚的人只要说一句“没有合适的”，至少能塞住父母的嘴巴，光明正大地单身。但同居中的男人和女人，并没有这个反逼婚武器。

选择同居的人，反逼婚最重要的原则是“死不悔改”。不管父母怎么催，可以用各种办法应付，转移话题、敷衍了事都可以，但就是我行我素，坚持到底。以什么方式度过自己的一生，是个人的选择与权利，父母无权干涉。父母不能包办婚姻，违背子女的意愿，胁迫子女结婚，否则你可以向法院申请撤销婚姻。在坚持这一点的基础上，你还需要了解父母为什么非常看重结婚证？经过不完全调查统计发现，父母对同居中的女儿有以下担忧：

1. 认为女人年纪大了，该找一个伴了。
2. 女儿一天没结婚，自己的任务就没完成。
3. 不想再给女儿义务服务，如做家务、做饭、洗衣服等。
4. 到了一定年龄还不结婚，可能会被男人骗，最后耽误青春。
5. 年纪大了生孩子困难，没有孩子养老送终。

仔细分析以上问题可以发现，其实就是两大类问题：一类是想完成自己为女儿找到丈夫、转移照顾女儿的责任；一类是担心女儿的养老问题。正如前面所说的那样，在传统观念里，帮儿子娶媳妇，把女儿嫁出去，成家即“成人”，父母的责任才算完成。女儿有了自己的小家，就要承担起小家的责任，洗衣做饭做家务，不管小家庭的分工如何，都与父母无关了。而父母完成这种责任的象征，就是子女拿到一张结婚证。也就是说，即使女儿和男朋友已经同居了，实际上已经像夫妻一样生活，但只要还没去领结婚证，仪式没有正式完成，父母的责任都不算完成。

如何解决这个问题带来的逼婚？最立竿见影的做法是，仍然依赖父母包办家务的人，马上开始独立的生活，自己解决穿衣吃饭等家务事，减少父母的麻烦，消减父母逼婚的动机。同居不应该增加父母的麻烦，否则只会引起他们的反感。你还应该和父母做好解放思想的工作，向他们解释同居和结婚的区别，告诉他们这是你喜欢的生活方式，已经权衡过利弊，如果遇到问题，将会怎么解决。周全的考虑是取得父母信任和尊重的保证。对父母来说，担心子女是逼婚的主要原因，而详细的人生规划，可以消除父母的担忧。

若父母担心你作为女孩子，没有结婚证的保护会吃大亏，你就要拿出具体的应对方案，告诉父母你打算如何应对情海翻波。你也应该加强向父母传递离婚方面的信息，打破他们对婚姻的幻想。你可以告诉他们，离婚率连续多年增长，就算领了结婚证也会离婚，婚内会存在出轨、家暴等问题，感情也会被生活消磨，结婚证不能保证感情顺利。最关键的问题是，个人如何应对、你的利益是否得到很好的保护、你是否能接受四五十岁时恢复一个人的单身生活。这些问题，恐怕是每一个选择同居的女人都需要思考的。

现实生活中，女人年龄大了以后，要想找到各方面条件都匹配的男人再婚，概率的确比男人小，父母才会担心没有结婚证的约束，万一女儿到四五十岁被抛弃，没有保障。很难找到男人再婚这个问题，应该这样看：如果女人想找一个喜欢的男人，得到情感质量很高的婚姻，的确是很难的，因为情感要求是最高的要求，纯粹是一种化学反应。聪明的女人都知道，女人结婚之后要做家务、照顾家庭，是很辛苦的，如果无法满足自己的情感要求，经济独立的女人很少有将就的。但是，若女人想通过照顾男人而获得婚姻，从而获得住所、有口饭吃，是绝对不难的，需要照顾的男人实在太多了，不嫌弃当免费保姆，不怕苦不怕累，结婚唾手可得。

我知道，从农村地区进入城市的女人，有的就是通过这种途径留在城市。可惜，这种办法非常不可靠，已婚妇女的家务劳动是没有报酬的，女人一旦被男人扫地出门，即使她劳心劳力照顾家庭，也要净身出户。广州的媒体曾经报道过一个案例，一个50多岁的女人嫁给了一个60多岁的男人，男人身体不好，她照顾了男人7年。后来，男人与前妻所生的子女要争财产，施加压力，迫使两人离婚，法院判决男方补偿女方7000多元。试想一想，若她只是一个保姆，按照广州的消费水平，每个月的工资大约4000元，包吃包住，节假日休息，7年下来光是工资就有33.6万元，即便她花掉一半，也能攒到16.8万元。可是，她只不过领了一张结婚证，全年无休，24小时照顾老公的劳动，就被活生生剥削掉了。这是妻子必须面对的残酷现实。

因此，应对离婚后的老年生活，最可靠的办法是，做好一个人生活的准备，心理上先解除对独居的偏见，了解并准备好接受这种生活；在经济上，要多攒养老金，平时多健身，尽量避免生病，万一生病了就请护工或保姆照顾自己，多结交朋友，想找人聊天或需要帮助也可以找朋友。还有一点可能很多人没想到，女人不管结婚还是终身不婚，大部分人最后都会变成单身，因为女人的寿命比男人长。在现行男大女小的婚配模式下，很多女人的丈夫将会先行离世，所以实际上，大部分女人都必须面对一个人的老年生活。

若父母担心你们不结婚不生孩子，或者孩子难上户口，你可以告诉父母，我国法律有明确规定，非婚生子女上户口不需要父母的结婚证，只不过有的地方做法不规范，人为增加非婚生子女上户口的条件，导致非婚生子女上不了户口。东莞的一个单身妈妈就把为难她的公安局告上了法庭，孩子最后成功上了户口。2015年7月，广东公安厅重申非婚生子女上户口不需要父母的结婚证，同居生育的孩子也能上户口。当然，在入学等其他方面的障碍，还需要你努力解决或政策松绑。但我相信，随着社会进步，这方面的障碍会逐渐扫除。

若你们想当丁克一族，就要从不生孩子的角度说服父母。以为有孩子就有人养老送终，只是一种传统观念，对现实认识不清，你就要帮助他们认清楚现实——社会流动性增加，子女离开父母到另外一个城市工作安家，已经很常见了，父母有病痛，不一定能够及时得到孩子的照顾。况且，久病床前无孝子，老了最好还是依靠专业的护工或者保姆，才不会被子女嫌弃，有充足的养老金才是最重要的。你还可以准备一两个父母因病被子女遗弃的例子，把父母从美好的幻想中拉出来。比如，农村自杀的老人很多，就是因为依赖子女养老却被子女嫌弃，不得不自杀。

同居中的情侣们，好好和父母沟通吧，互相敞开心扉，把问题一一列出来，哪些是合理的、哪些是不合理的，在沟通中化解误会。

不想结婚的人如何说服父母

能接受子女终身不结婚的父母只是极少数。如果你不想结婚，也从未向父母透露过想法，最好先试探父母的态度。若他们非常开明，你结不结婚也无所谓，只要你开心就好，你可以直接告诉他们你的想法。若父母无法接受，就不要硬邦邦地对父母说“我不结婚”。比起想结婚只是暂时没找到对象的人，独身主义者要说服父母接受自己的选择，会困难得多，毕竟结婚仍然是主流的生活方式。父母的价值观和人生观比较保守，是可以理解的。要想既坚持自己的活法，又不至于和父母翻脸，除了要坚持单身必须坚持的理念和原则外，你更加需要注意策略和技巧。

第一步，先试探父母对不结婚的态度。虽然少，但支持子女不结婚的父母是有的。帮我打扫卫生的钟点工阿姨，从自己的婚姻生活中发现，女人结婚后既要工作又要干家务照顾孩子，特别辛苦，她不想自己的女儿“重蹈覆辙”，反倒希望女儿不要结婚，轻轻松松生活。从自己的人生经验吸取经验教训，帮助子女优化人生选择的父母，非常可敬，可惜的是思维开放、随时根据现实调整观念、冲破传统观念障碍的父母，并不多见。

父母对不结婚的态度怎样，按照强硬程度可以分成不同的级别，分别应对。要是像上面说的这个阿姨般开明，自然是最好不过，直接和他们谈一谈就好了。但若是超强硬级别的，就要做好打持久战的准备，而且要迂回婉转，善于利用时间的力量，每天一点点渗透，改变他们的想法，软化他们的态度，直至尊重你的选择为止。如果是不太强硬的级别，攻坚战就没那么艰苦。不管哪种级别，都要灵活应对，随时根据情况调整策略，随机应变。另外，你还要建立和维护好与父母的沟通渠道，争取得到父母的完全信任，避免对父母撒谎，损耗他们对你的信任。

第二步，在日常生活中见缝插针，有控制、有节奏地透露你的态度。比如谈论别人的婚姻遇到问题时，你可以表露看法，“结婚可真烦”“不结婚也挺好的，省心”。仔细观察父母的反应，他们的反应会透露他们认为要结婚的原因，要是你能立即化解这些原因，就把话接过来，如果不能，就记下来，有空的时候思考一下怎么回答，下次有机会再讨论。谈论不结婚时父母态度激烈，可以暂停或转换话题；若父母的态度平和，有商量的空间，你可以继续加码，“如果我结不了婚怎么办？”这个问题并没有透露你不想结婚，只是一种无奈的状态，相对较温和，有助于进一步试探。他们的反应可能是“那也没办法”，也可能是“一定要结”，如果是前者，你就可以稍微放心，以后的工作就变成了“让自己结不了婚”，其实就是一直不结婚。如果父母认为你一定要结婚，那就先放下这个问题，再慢慢做渗透工作。

第三步，通过日常对话有意识地向父母传递社会生活方式多样化的各种信息，帮助父母开阔视野，改变观念。生活方式的多样化，包括同性恋、异性恋、晚婚、丁克、同居和终身不结婚等。和父母讨论不同的生活方式时，刚开始要注意每一种方式的篇幅和平衡，让父母都有大概的了解。之后，你可以根据自己的情况着重说，比如你是这辈子都不想结婚的，就多谈谈一辈子不结婚的好处；如果你是同性恋，就多谈谈同性恋，尤其是可以拿父母熟悉的明星作为范例，比如香港已逝歌星张国荣，还要多讲一讲同性恋在西方已经普遍得到接受，英美等国家已经允许同性恋结婚了，或者带父母参加同性恋亲友会的活动，让她找到能够互相温暖和鼓励的同盟。

你最终要传递给父母的信息是，时代不一样了，年轻人有自己的想法和选择。不结婚不意味着没有伴侣，不结婚照样可以谈恋爱，可以同居。尊重不同的生活方式，是更文明、进步的表现，是开明的父母，一定要结婚的想法是很保守落后的，强迫孩子结婚，更是很差劲的父母。通过分类和类比，在道德上给予父母一定的奖惩，“你看人家父母多开明，都没逼着结婚”，父母爱拿孩子和别人比较，你也可以拿他们和更好的父母比较，增加父母争取进步的动力。

第四步，认真观察父母的生活，了解他们的兴趣爱好，支持和鼓励父母培养兴趣爱好，多结交朋友，丰富老年生活，让他们把注意力从你身上转移到自己身上。这样，父母就有自己的生活重心，不会整天围着你转，干涉你的生活。另外，观察一下父母对有孙子的愿望是否强烈，如果他们很想抱孙子，就会逼你结婚生孩子。当父母的朋友很多，兴趣爱好广泛，可能就没那么想抱孙子了。如果他们真的很喜欢小孩，你要帮他们抒发这种情感，比如多请亲戚家的小孩到你家，让父母有机会和小孩子玩耍。同时，别忘记提醒父母，带孩子是很辛苦的事，不带孙子，他们可以跳跳广场舞，约朋友喝茶爬山，这样的老年生活更轻松精彩。这样做的目的是，为父母多角度提供信息，审视传统的老年生活，优化他们的选择。

第五步，多陪父母吃饭、聊天或者旅游，让他们感受到来自子女的温暖。为什么要这么做呢？这是为人子女应有的孝顺之举，也让父母感受到，你是完全愿意对他们尽孝的。此外，这些做法还能够增加父母对你的好感和信任。将心比心，如果一个人对你很好，你是不是也会感动，更加信任他？既然信任他，是不是更容易站在他的角度考虑问题，为他着想？如果父母体会到子女不结婚，能有更多时间陪伴自己，反对你不结婚的意愿就会下降。

这也是前面所说的，让父母从你的单身选择中获益，子女不结婚，父母得到的好处更多。事实上也是这样，子女结婚之后，要照顾自己的小家庭，大部分时间、金钱和精力都是花在自己的家庭，能花在父母身上的被摊薄，若是父母生病，根本没办法长期陪伴左右，给父母一点钱，老公、老婆可能还会有意见。其实就是你结婚之后，父母原来的厚待就要被削减了。若你一直不结婚，随时有时间陪伴他们，生病的时候你可以把工作放一放，专心照顾他们，你的钱肯定能全部拿出来帮助他们，也不会有人干涉。总之，让父母明白到，你不结婚能带给他们很大的好处，能够大大增强他们认同你的选择的可能性。试想一想，假如你不结婚，只要父母有什么事需要帮忙或者照顾，你可以立即飞奔过去，他们应该开心才是。所以，平时陪父母聊天，你可以从分析利弊的角度启发他们。

第六步，向父母解释清楚你为什么不结婚。走到第五步时，你已经在适当的时机向父母坦白不想结婚的想法了。什么时候是适当的时机呢？每个人的情况都应该根据与父母互动的进展做出判断。这里有一个小小的技巧，一般来说，女人超过35岁之后，父母会有点心死，他们认为35岁的女人已经很难嫁了，只好默默接受现实，减少对你的催促。

向父母解释的时候，要记住你的利益大体和父母的利益是一致的，如果符合你的利益，父母会基本同意，绝大部分父母都是爱孩子的。所以你要做的事情就是，告诉父母你不想结婚，对你来说不结婚是利益最大化的选择。

如果你觉得自己的性格不适合结婚，你可以给父母一一分析，你哪些方面不适合结婚，如果结婚可能会给你造成哪些伤害。你如何处理闲言闲语的问题，对于以后是否已经有计划？如果你是同性恋，可以把自己的真实想法说出来，诚恳地请父母理解。当然，这个时候还是要不时列举同性恋在发达国家逐渐被认同的情况，让父母感受到自己的孩子是非常“正常”和“主流”的。同时，你最需要解决的问题是解决传宗接代的问题，是转变父母一定要传宗接代的观念，还是通过什么办法生个孩子，根据自己的情况决定。不管怎样，希望同性恋不要为了生孩子掩盖性取向而与异性恋的女人结婚，也就是我们常说的骗婚。

如果你觉得不结婚比结婚划算，你可以从经济的角度给父母分析不结婚有哪些好处，如果结婚生孩子，可能遇到哪些经济问题等。这一步向父母传递的最主要信息是，你不结婚会过得更好；你结婚会过得痛苦，会受到伤害。

第七步，做一个周全的人生规划。当你告诉父母不结婚时，最能让他们放心的是一个完善的人生规划。你的人生计划应该包括，事业发展规划、理财规划、养老安排等。不结婚不生孩子，父母最大的担心应该是老年生病或失去生活自理能力时没人照顾，你要先准备好这两个问题的答案，答案参见反逼婚之自己篇。从另外一方面看，为自己制定好人生规划，显示你是独立成熟的人，已经慎重考虑过不结婚这个重大决定，分析过利弊并做好准备，因此你的决定是理性、成熟的，为争取父母的支持加分。

最后我还想强调，要化解父母的逼婚阻力，一定要弄清楚父母逼婚的原因。和父母好好谈谈，了解他们的想法后，再综合利用上面所提供的策略，一一化解。每一种原因，都会有一种对应策略。是否可以有效化解父母的压力，取决于你的努力。加油！

亲戚
面对围殴和单挑要控制好情绪

◎ 理念

每个人都是平等独立的个体

结婚是个人选择和个人自由

◎ 目标

短期目标：从容应对亲戚逼婚，情绪不受影响

长期目标：亲戚接受你单身的现实，减少逼婚

◎ 原则

1. 一致：个人利益与亲戚利益大体一致
2. 沟通：主动沟通，正视矛盾，化被动为主动
3. 换位思考：兵来将挡水来土掩
4. 耐心：任何时候都不放弃沟通
5. 诚实：不撒谎，不欺骗，建立互信
6. 坚决：用自我表达瓦解八卦与传统观念

在亲戚逼婚这件事情上，最直观的认识就是七大姑八大姨的轮番询问和轰炸："不要挑了""什么时候请喝喜酒""结婚生孩子，人有我有""以后七八十岁生病了有人来看一看""结婚就是图个老来伴"……这些劝诫是未婚男女青年在家族聚会中最常听到的。在谴责逼婚的舆论中，亲戚没有边界感往往被指责为罪魁祸首。应该如何看待亲戚逼婚？在分享对亲戚的反逼婚策略之前，有必要先认识家族在个人生活中的角色和亲戚逼婚的原因。

不要拒绝家族温情与保护

在人类的发展史上，家族曾经是重要的生存单位，庇护着家族内部的每个个体，也控制着个体的命运。随着人类社会生产力的提高，家族成员逐步从家族脱离出来进入小家庭。到了近代，家庭形式演变成为"一夫一妻+孩子"的核心家庭形式，家族对个人的控制也随之转移到家庭上。这是由经济基础决定的。在农业社会，个人靠从父辈那里获得知识、经验、财产，才有资本组建新的家庭，启动新的家庭运作，再开始周而复始的农耕，养活着家庭内部的成员。工业化进程之后，资本主义大生产让个体在家庭之外找到了工作机会，个人得以脱离对家庭的依赖。而随着社会保障体系的完善，个人也逐渐从家庭的束缚中解放出来。整个过程中，家族作为生存单位的角色逐渐淡化，剩下情感依归和慰藉的功能。不过，在社会保障体系不完善的国家和地区，家族的经济支持对个人的生存仍然具有很重要的作用。

我曾经长期编辑《广州日报·广爱同行》，这是一个专门为重大疾病患者呼吁社会捐助的版面。我们刊登的病患，医保基本无法覆盖所有治疗费用，自筹部分比例相当大。非常普遍地，自筹的医疗费首先来源于病患（成年）自己的积蓄，其次是父母和兄弟姐妹，然后是亲戚的借款（患者是小孩，首先是父母的积蓄，然后就是亲戚的借款）。由此可知，亲戚即家族的经济援助对个人的生存仍然具有非常重要的经济保护功能。也因此，从生存的角度来看，维护好亲戚之间的关系对每个人的意义仍然重大，这是中国社会大环境决定的，也没有办法短期内有明显改善。这就是我不赞成通过断绝亲戚来往、翻脸来对抗亲戚逼婚的重要原因。

对亲戚的反逼婚，怎样才算成功？这是一个设定目标的问题。我认为，长期目标是让亲戚接受你没结婚的现实，减少问“什么时候结婚”的次数。改变观念是一个长期的过程，尤其是在农村地区或小城镇生活的人，上了年纪的长辈更甚，所以要做好打持久战的准备。对亲戚反逼婚的短期目标是，每一次反逼婚都能从容应对，自己的情绪不受影响，成功避免争吵、冲突，不伤害亲情。通过不断实现短期目标，争取实现长期目标。

亲戚一定会逼婚吗？我的调查显示，并非所有亲戚都会逼婚，而是取决于家族中同辈人的婚姻状况。若家族中未婚的同辈人多，亲戚就不会逼婚。亲戚逼婚会以年龄为顺序排列，年龄最长的人是催婚的首要目标，年龄稍轻的得以有了喘息的空间。就算亲戚问起，把年龄大的人拿来当挡箭牌应付，也是很有效的策略。如果家族里同辈分的人大部分已婚，没结婚的人就会成为催婚的主要目标。

亲戚逼婚常常发生在亲戚互访的节日或者家族团聚的日子，例如春节、家族成员的嫁娶婚宴日。在这种场合，亲戚人多嘴杂，密集频繁的询问会给单身男女带来困扰，情绪因此受到影响。燕楠是我2011年访谈过的未婚女性，她家的亲戚逼婚方式很迂回："你外婆又在说了""你奶奶很担心啦"……有的亲戚也很直接，有时候会在很多人都在的场合催燕楠："你怎么一点都不着急啊？"这种情况让燕楠爸妈很尴尬，她自己也很烦，但又不能和亲戚撕破脸。燕楠并不在乎亲戚的看法，但很在乎爸妈的感受。为了避免让爸妈尴尬，她已经不常去亲戚家了，亲戚就没有机会当面说她的婚事，也就不会让爸妈尴尬。其实燕楠并非一定要参加亲戚聚会，她跟亲戚也聊不来，只不过是陪爸妈一起去。对于燕楠有意疏远亲戚的行为，燕楠的爸妈也没意见，因为她已经长大，可以有自己的安排。减少甚至是拒绝与亲戚的交往，是单身者应对亲戚催婚很重要的手段。

亲戚逼婚对单身女青年的伤害，除了因为自己让爸妈承受压力感到愧疚外，还会因为被提醒未婚的现实而感觉沮丧和伤心。对想结婚的她们来说，渴望婚姻却未能在适婚年龄找到适合的结婚人选，本来就是对自信的一种打击，情感需求没有得到满足也会让她们有挫败感。35岁的宝兰经常被亲戚催结婚，但她不知道怎么应对。她是想结婚的，只是被迫单身而已。亲戚的提醒，每次都让她想起伤心往事，心情瞬时变得特别糟糕。后来亲戚的婚宴聚会等场合，她一概不出现，省得心里难受。

其实，现在社会流动增强，很多人都离开了原生家庭所在地，到其他城市工作生活，和亲戚相聚的机会并不多，只有像春节这样的团聚节日才能见面。被亲戚逼婚以至于很烦恼的人，一般都是在原生家庭所在城市生活的。对离开家工作的人，和亲戚见面的机会是零碎的，时间是短暂的，如果自己心里对大龄未婚的事情已经释怀，亲戚的逼婚并不会带来太大的压力，假期结束回到工作的城市，压力会马上消失。

34岁的悦然在深圳工作，回老家过年时总会被伯伯、婶婶和堂兄弟姐妹问什么时候结婚。她的堂兄弟姐妹之间还有一个习惯，就是每年春节都会约定一天，出嫁了的姐妹回娘家，和大家聚一聚。这个时候，堂兄弟姐妹通常会集体“声讨”悦然。2015年的春节，悦然就被声讨了一回，她觉得很烦，立即离开家。过完年，悦然回到深圳继续自己的安静生活。

亲戚间的关系一般都是由父母维持的，已婚人士要在节假日走亲戚，维护和亲戚的关系，单身男女没有这个任务，所以如果你不参加家族聚会，也可以避免被亲戚逼婚。然而，这种反逼婚方法也有一个很明显的缺点，就是主动砍断和亲戚的联系后，你也拒绝了来自家族的亲情慰藉。这对单身女性是非常不利的，我自己就曾经有非常深刻的体会。

作为大龄单身女性，有两年我觉得经常要向亲戚解释为什么没结婚，非常无趣，也很厌恶他们落后保守的价值观，就避开了所有亲戚聚会的场合。但当我发现我的朋友在婚后减少和我的联系，社交圈严重缩小时，我突然陷入了一个人的世界。若我连亲戚都拒绝，友情和亲情同时被剥夺，这和与世隔绝无异。被外界孤立已经让我很不爽了，我觉得更加不能主动自我封闭，于是又积极地跟着父母去走亲戚，不管是姨妈的生日酒席，还是表弟娶妻的宴会，我都会高高兴兴地参加。每次见到亲戚，仍然被问起结婚的事，我从来都只对她们说我不结婚。

相比“找不到合适的人”这个理由，“不结婚”相当于一个杀伤力很大的炸弹，几乎震碎了他们的三观。有时候，我会打哈哈就应付过去，有时候我会和真的想了解我的亲戚耐心地谈我的想法，介绍社会的新变化，有时候我死猪不怕开水烫保持沉默，有时候我会走开。总之，在不引起冲突的情况下，我控制好自己的情绪，灵活应对。如今每次见到我，有的亲戚偶尔还是会问，但根本拿我没办法，有的还逐渐接受了我一个人的事实。我觉得，虽然和亲戚见面还是要回答很多问题，但能和他们一起度过很多温馨时光，让我感受到了亲情的温暖，我的情感世界得以更加丰盈。为了这个，我宁愿花点时间给亲戚做反逼婚工作，也不会再拒绝亲情。当然，以后结不结婚是我自己的事，说不定改变主意，哪天就结了也是有可能的。

从另外一个角度来看，你拒绝和亲戚见面，亲戚逼婚的压力会落在父母身上，对回家机会很少的人来说，回家时走亲戚也是不可少的，避无可避。我建议不要因为亲戚逼婚就不和他们来往。做好心理准备，并坚持对亲戚进行再教育，帮助他们更新观念，减轻父母的压力。父母的压力减轻了，你的压力也会减少的。改变亲戚观念还有一个很好的办法，就是微信。很多人都有亲戚群、家族群，表哥表姐之间也会互相加微信，你可以多转发单身的文章，让他们看看，潜移默化改变他们的观念。

炫耀型和关心型反逼婚策略不同

怎么应对亲戚的反逼婚呢？我认为，可以把逼婚的亲戚分为两种类型：一类是炫耀型，一类是关心型。

对付炫耀型的亲戚逼婚，我建议用针锋相对的方法。中国社会攀比的风气非常重，讲究面子，亲戚之间什么都拿来比较，谁家的子女先结婚、先生孩子、赚多少钱、当多大的官、有多少房子、盖多高的楼，都是攀比的项目。有的长辈倚仗着自己的孩子结了婚，产生出一股优越感，为显得自己很有面子，哪壶不开提哪壶。对这种亲戚的不良行为，不应该忽视和保持沉默，而是应该针锋相对，找到他们的弱点，狠狠打击，逼一次婚，就打击一次。如果可以，你可以适当主动进攻，让他知道你是不好欺负的，然后再根据后续情况定夺后面的策略。我相信，当你的亲戚知道你不好对付，自找麻烦的概率会降低。

在关心型的亲戚逼婚中，又可以分七嘴八舌型的集体逼婚和一对一的私下逼婚。在七嘴八舌型的逼婚中，亲戚人多势众，你一句我一句，光是口水都会淹死人，不适合硬碰硬，你控制好自己的情绪，发扬死猪不怕开水烫的精神，慢条斯理地把自己还没结婚的原因说出来，让大家知道，时不时爆一句婚姻的坏话，家暴多、离婚率增加等婚姻存在的问题都可以说，动摇亲戚脑袋中固有的婚姻幻象。若你的反逼婚能力尚且不足，或者觉得尴尬、压力大，不想面对，又或者发现亲戚非常保守，很难沟通，可以转移话题，也可以找个借口溜掉，见机行事，减少短兵相接的机会。但要记住，不能永远保持沉默，否则你会一直被误解，一直被逼婚。对此，小莉曾经走过弯路，她感叹：以前也很讨厌，对于亲戚逼婚总是不开口，不发表意见。后来她跟亲戚说，的确没有遇到合适的，亲戚也能理解了，象征性地劝说几句，有的还反过来安慰她慢慢找。并不是所有亲戚都是保守顽固的，不开口表达才是最大的失策。关心型的亲戚，的确是从你的角度考虑问题，和他们坦诚沟通，互相理解并不难。

在一对一的私下逼婚中，应对策略就不一样了。有的亲戚，尤其是女性亲戚，私下会主动和你谈起结婚的问题，问个究竟。这是深度交流，我认为你可以从她的生活体验开始说起。中国的家庭性别分工中，已婚女人不但要工作，做家务和带孩子的时间远远比丈夫多，休息娱乐的时间也少得多，而且还可能发生家庭暴力。我相信，在你的亲戚中，家庭内部的男女分工也是差不多的，那你就可以利用这点拉拢女性亲戚。

比如，问问你的女性亲戚平时怎么持家、怎么教育孩子、要让老公帮忙做家务、不要太操心、想吃什么就吃什么、该休息的时候就休息、让自己过好一点。在赞赏她们对家庭的付出的同时，也为她们遇到的不公鸣不平。根据我的经验，女人比男人更容易理解女人的处境，当她们发现你能体会到她们的不容易、理解她们的难处时，会相当感动，对你的好感也会大增，能听得进你的意见。这个时候，你就可以表达自己的观点：我也想结婚，但是得慎重，不然万一嫁到个不好的，就吃亏了。这个时候，真正关心你的亲戚，是会认同的。当然，遇到老公赚钱又包揽家务、对妻子呵护有加的亲戚，谈家务分工就行不通了，适当转换策略就可以了。“我当然也想找个像你老公那样的人，可是这样的好男人太少了，我得好好找，不能急。嫁错了我得后悔死。”既夸奖了亲戚的丈夫，你也应付过去了。

你还可以视情况“进攻”，对她们进行策反，帮助你家族内的未婚女性营造轻松的氛围。比如，告诉她们女人不一定要结婚，如果不结婚能够过得更好，就无须与主流社会保持一致。虽然有的人收入不高，但勤勤恳恳工作几十年，照样可以攒养老金，所以结婚不是唯一的选择，等等。思维不开放的女人，听到你说不结婚，估计会马上弹起来：“不结婚怎么行？”思维开放的呢，十有八九会附和。不管你“进攻”的效果如何，只要能冲击亲戚的观念，反逼婚也算是成功了。

总而言之，你可以通过表示理解亲戚的处境，来交换她们对你的理解和尊重。再强调一次，对亲戚的反逼婚中，“死猪不怕开水烫”的精神是极其重要的，抱着这样的心态，同时内心还要坚定“结不结婚是个人的自由”这个理念，才能增加反逼婚的底气。

有人说，哪个亲戚问我就跟他撕，不给他好脸色，亲戚现在都不敢惹我了。我称这种方法为断绝关系式的反逼婚策略，不管对谁反逼婚，这种策略的效果都是非常明显的。但我发现采用这种策略的人基本都是教育程度高、性格强势、社会资源充足的精英女性，她们并不稀罕家族所提供的经济支持和情感慰藉，并不适合所有女性。一方面，正如上面所说，中国社会现阶段提供的社会保障体系仍然不完善，对大部分未婚女性来说，很多时候仍然需要倚赖家族提供帮助，甚至是庇护，例如找人办事、借钱等，婚后万一离婚，独自抚养孩子有困难，家族的支持非常重要。另外一方面，正如我的亲身经历那样，亲戚之间的互动，能够为单身女性提供重要的情感慰藉，不应该主动放弃。因此，应该慎重采用断绝关系式的反逼婚策略。相反，我提倡向亲戚解释时，应该兼顾和维系好亲戚关系，人与人之间的基本尊重仍然是必须的。

坚决制止亲戚的挑衅与羞辱

我曾经在微博上看过一个段子：一个姑娘被80多岁的姨婆逼婚，姨婆问她："和你年纪差不多的女孩都结婚了，你为什么不结婚？"她反问姨婆说："很多人像你这个年纪都死了，你怎么还不死？"结果，姑娘被父亲禁闭了。这个姑娘的反逼婚策略问题出在哪里呢？按道理说，她的反问法是网上很常见的支招，使用起来却招来更大的麻烦。原因在于这对长辈来说是一种极大的冒犯，尤其是对一个已经八十高龄的老人来说，问她为什么还不死就等于诅咒她早点死，所以姑娘遭到了父亲的严厉惩罚。本来这个姑娘是逼婚的受害者，却因应对不当失去了理据，不但反逼婚失败，也沦落为被指责的对象。

我主张的对亲戚的反逼婚，是基于互相尊重的前提下，进行说服和沟通。不管反逼婚的结果如何，始终要让"捍卫个人自由和权利"的公义站在自己这边，把逼婚的亲戚固定在侵害者的位置上，在这个基础上进行反逼婚。否则，就会像上面段子里的姑娘那样，进退失据。

最后一点我想说的是，你见亲戚的时间并不多，平时见面也就一两天，春节回家也就7天假期，春节过完你就走了，要有死皮赖脸的精神，理直气壮地自我表达，为单身的自己辩护，用表达作为进攻的武器，针对亲戚逼婚的理由一一瓦解，不要被亲戚逼婚控制你的情绪，保持平和的心态。这个时候，用“退一步海阔天空，忍一忍风平浪静”来形容真不为过。

在亲戚逼婚中，有一种类型是比较少见的，就是亲戚还兼具上司的身份。这种情况多见于家族企业，裙带关系把一大帮亲戚聚集在一起，彼此之间既是亲戚关系，也是同事、上级的关系。如此一来，和亲戚见面的机会大大增加，距离屏障消失，职场关系又加深了亲戚和被逼婚者的利害关系，逼婚从而具有长辈和上司的双重威权身份挟裹的性质。

娟的父母特别开明，女儿30岁未婚，既不觉得丢脸，也不会催她结婚，但娟的生活仍然充满紧张和焦虑，原因在于家里的亲戚厌女症非常严重，总是逼她去相亲，不断教导她要为家庭奉献，当她表达自己希望和相爱的人结婚的观点时，被大伯小叔当面指责为变态。“他们天天给我洗脑，女人就是要伺候男人、公婆和娃，女人就是要贤妻良母，女人要求不能太高，要忍耐顺从，一定要生儿子，他们打心眼里瞧不起女人，我说要找个相爱的人，他们直接说我变态。”娟来找我咨询，寻求解决方法。大约半年前，娟在网上关注了几个传播女性思想的微博，自我意识逐渐觉醒，根本不认同大伯小叔的性别观。

不过，娟在大伯开的公司工作，俗话说“吃人的嘴软，拿人的手短”，即便是必要的自我表达，娟也会小心翼翼，怕惹大伯不高兴饭碗不保，还会被指责不尊重长辈。所以大伯给她介绍的相亲，她根本无法拒绝。在大伯的眼里，30岁的娟已经“拿不出手”了，没有资格挑男人。“我被家里亲戚逼着去见各种‘剩男’，有离异的，有大我十几岁的。”见过面后，娟认为不合适，可大伯和婶婶却认为娟矫情做作，女人随便找个可靠的男人结婚生子才是正常，诸多挑剔的大龄未婚女人心理已经不正常。大伯和婶婶特别强势，直接导致了娟厌恶相亲，讨厌男人。

我很强调利用沟通解决逼婚的问题，我却建议娟重新找一份工作，离开大伯的公司。大伯、婶婶和小叔的婚姻观属于无可救药型，要扭转他们的观念非常难，也很难沟通。如果只是偶尔见一见，被他们说一两句也无所谓，不幸的是娟和他们在同一个公司工作，每天至少要面对面8个小时。加上他们是老板，做事特别强势，不尊重娟的自我表达，不考虑娟的感受，肆无忌惮地用语言羞辱娟，打击娟的自信，后果已经很严重——娟开始讨厌男人。要改变这种情况，必须彻底脱离充满负能量的环境，重新找一份工作，远离亲戚。另外，我也建议娟要向大伯提出严正抗议，使用“变态”一词是羞辱和人身攻击，也要说出自己被羞辱的感受，“请你不要这样说我，我听了不高兴”。

家族间的辈分之分仍然支持长辈对后辈的威权，我们反逼婚的理念之一是每个人都是独立的个体，单身者和长辈之间是平等的。对婚姻和家庭的看法有分歧很正常，求同存异，互相尊重，亦可相安无事，双方自我表达导致的短暂性的不适也可以容忍。但是，如果亲戚像娟的大伯那样，利用威权的身份强迫你相亲，不停地使用语言暴力打击你的自信，就不能顾忌情面了，在辈分、情面和自我三者之间，坚持自我是最重要的。如果表达你的感受会损害亲戚间的情面，责任不在你的表达和反抗，而在于亲戚的羞辱和挑衅。

同事
不卑不亢划清工作和生活界线

◎ **理念**

结婚是个人选择和个人自由

婚恋是隐私，不宜在工作场所谈论

◎ **目标**

自我表达，维护个人尊严

同事不再谈论自己的隐私

与同事建立清晰的公私界线

◎ **原则**

1．勇敢地表达你的不高兴

2．有理有据，不卑不亢

3．平衡好保护隐私和维护同事情谊

由于工作占据了我们的大部分时间，同事也是单身者的朋友圈的重要组成部分。对工作城市与求学城市不重叠的单身者来说，同事是陪伴他们的重要朋友，工作之余的娱乐活动大多是与同事一起的。就算是工作城市、求学城市和原生家庭所在城市重叠，也有不少人与同事的往来很密切，话题更多，而这通常发生在政府机构或事业单位工作的单身者身上。

事业单位和政府部门逼婚最严重

不同性质的工作机构对大龄未婚的包容度不一样，并非所有工作机构都会形成逼婚的氛围，也并非所有单身者都会遭遇来自同事的逼婚压力。调查显示，外资企业和私营企业的人与人关系更加疏朗，公司文化也更加包容，对未婚青年，尤其未婚女青年的异样眼光和闲言碎语较少。

我认识的两个30岁出头的女孩都在外资公司，都未感受到同事的逼婚压力，而且公司里有更大龄的同事给她们做了榜样：一个女同事35岁才结婚。作为更年轻的未婚女性，两人从来没听过其他同事议论刚结婚的同事，这让她们形成一种认知：同事也不会八卦她们的婚事，没必要着急结婚。另一个在私营企业工作的女孩，不但没有感受到公司同事的闲话，还得到了同事的支持，她的同事都认可女人不能为了结婚而结婚。和她比较亲密的几个女同事，更是劝她一定要考虑清楚结婚的目的，在喜欢的人出现之前，最好保持单身。得益于同事的鼓励与支持，她并没有因为30岁而着急焦虑，反而更坚定地等待。

在政府机构或事业单位，个人生活很容易公开化，同事之间也更爱谈论各自的婚姻家庭，对彼此的情况比较了解。而且，这些单位的结婚率非常高，生活方式较为单一，婚恋观也相对保守，女人没结婚尤其是外表出众的女人，会被认为是一种遗憾和需要解决的问题，也容易成为大家集体“帮扶”的对象和茶余饭后的谈资。

一个当公务员的女孩刚好27岁，父母其实并没有催她，单位同事逼婚却让她烦恼不已。她的同事大部分都已经结婚，又特别爱谈家长里短，每次谈到婚恋问题就会拿她作为例子，话里行间指责她要求太高，或者猜测她内心还惦记着前任男朋友，不肯重新开始新的生活。眼看年龄一年比一年大，嫁出去的机会在减少，她对自己太不负责任。

刚开始时，女孩态度很和善，一一辩解，在无法阻止同事谈论自己时，只好由他们而去。然而，她的沉默却引发了同事更频繁的议论：

“你周末去相亲了吗？”

“没有，去爬山了，最近身体不好，需要多锻炼。”

“你太浪费时间了。”

只要这个女孩周末不是去相亲，在同事看来都是浪费时间。他们认为，在她这个年龄，生活的唯一目标就是结婚。同事实在太八卦了，女孩还成为跨部门的话题女王，和她同一个科室的同事到别的部门办事时唠嗑，把她的事情全抖了出来，和其他部门的同事谈得津津有味。碍于同事都比她年长和级别更高，虽然不喜欢和同事分享自己的私事，但她不知道如何改变。

也有一类女孩，毫无保留地把自己相亲谈恋爱的事拿出来和同事分享。一个在大学当老师的女孩，每次和同事聚餐都会成为话题中心。原因就是，她经常主动在同事面前说自己的相亲经历，大家见她这么放得开，连接吻等细节都说出来，就七嘴八舌地给她出谋划策。这样做有一个好处是，同事很热心地为她介绍对象。不可否认的是，同事之间牵线搭桥，能够帮助个人扩大社交网络，认识更多异性。比起不太和同事谈论私事的女孩，乐于和同事分享情感状态的女性，可以得到同事的更多帮助。

未婚女性是可以通过个人努力，掌控同事的正面催婚的。不和同事谈论自己的感情状况，或对同事封锁情感信息，就是向同事表明不愿意和他们谈论私生活的态度，为自己塑造严肃、不可侵犯的形象，调查发现这样可以有效阻止同事在自己面前谈论婚恋，从而避免同事有机会施加逼婚的压力。不过，这种做法也有副作用，会影响同事为你介绍相亲的积极性，导致相亲机会减少。我认识的一个女孩，和同事的关系非常好，但她的同事从来没给她介绍过男朋友，就是因为她很少和同事谈论这个话题，同事都认为她很严肃，不敢主动和她提相亲、结婚的事，有的同事甚至还不清楚她有没有男朋友。

同事帮忙介绍相亲，也会带来压力，尤其是有上下级关系的同事介绍的。介绍相亲的动机也不一样，大多是出于关心同事考虑，有的并非只是纯粹的关心，而是带着功利的目的，例如为自己积累人脉、向他人卖个人情等。相亲不一定能成功，如果自己不喜欢、介绍的相亲对象条件不好，应该如何向同事尤其是领导提意见和交代？领导会觉得自己挑剔吗？他的看法会影响工作吗？不少未婚青年接受领导、同事帮忙的相亲时，都会有这种顾虑。

另外，听到已婚同事对大龄未婚同事的议论，也会对适龄女孩造成逼婚压力。她们担心，如果自己没有及时嫁掉，也会像被议论的大龄同事一样，被人在背后说闲话。一个28岁当公务员的女孩告诉我，她的压力非常大，如果自己超过30岁还没结婚，就会成为同事茶余饭后的谈资。她曾听到同事聊起另外一个单位超过30岁的未婚女同事，说她心理有问题。她很害怕，再过几年自己还是没结婚，就会成为这个小圈子的“知名人士”，每次都被人拿出来说三道四。在高校工作的也不例外，30岁未婚的樱注意到，同事之间要聊家长里短时，都会先谈论一个没有结婚的同事，而且先声明她没有结婚。这让她觉察到，大龄未婚更容易招引目光和闲话。

在与同事的交流上，已婚女性谈论的话题大多集中在孩子、丈夫或婆媳关系上，未婚女性没有这方面的生活经验，大大限制了她们的交流。我有一个朋友就有非常深刻的感受。有一次，单位举办集体培训，她和女同事一起吃饭发现，女同事总是谈论孩子、老公、烹饪和养生等。而她没有孩子，也不做家务，对养生问题也不感兴趣，所以和女同事坐一桌吃饭说话时，觉得挺无聊。相反，男同事那桌就很少谈孩子，几乎都在讨论时政话题，她觉得非常受益。

用三步彻底根除同事逼婚

在政府部门或事业单位工作的未婚青年，如何制止同事的议论和逼婚？这取决于你的目标。如果你希望和同事保持平衡的关系，既不逼婚，也积极帮你张罗相亲的事，就做好容忍他们谈论你的准备，多跟他们打“太极”。如果你不指望同事牵线，不想应付同事的“纠缠”，就可以决绝一点，正如上面所说的，少和同事谈自己的私事，表现得很严肃，他们自然心领神会。要做到这点，你可以尝试以下的做法：

首先，态度很坚决，要坚定地持有这样一个信念：不管自己多少岁，未婚的状态是很正常的，都是你的个人选择，同事对你的生活品头论足，干涉你的生活，这是八卦，侵犯了你的隐私权。通过坚定内心的信念，稳定好自己的心态，变得强大起来，防止引发焦虑情绪。逼婚和反逼婚就是理念之争，你的同事人多势众，同样是信念坚定，而你孤家寡人，要更加坚定。

其次，每次被议论时不能保持沉默，不辩解只会向他们传递一个信息：谈论你的事情很安全，不会有不良后果。这进而会导致变本加厉，你要做的事情就是，用实际行动告诉他们，你不喜欢被八卦，若是不停止，你会很不高兴，后果会很严重。你可以先从打破他们对婚姻的幻想开始，多和他们谈谈家暴频发的问题、离婚率上升的趋势。多和同事聊娱乐明星离婚、出轨的那些事，都是娱乐新闻，可以借来消费，说话没有节操也不会伤害人，你也不用负责任，是透露想法、表达观点、传递态度的非常好的途径。

“××结婚很早，嫁得也挺好的，金童玉女，最后还不是离婚。离婚率现在是越来越高了，不离一两次婚的明星都白活了。”

“女人结婚了，遇到喜欢的男人也会出轨啊。”

“现在和以前不一样了，别一结婚就想着一辈子。”

“家暴很多，我可不能急着结，慢慢挑，万一被老公打，我可惨了。”……

聊八卦最大的好处是不会伤感情，老少咸宜。聊的时候心里要想好，不能激化矛盾，你的话可能是绵里藏针，但说出来时却要貌似轻松，表面上也是一团和气，和宫斗剧略有几分相似。

在政府部门和事业单位，人都戴着面具生存，不能破坏同事之间的关系，需要掌握说话的艺术。你也没有说什么狠话，但已经亮明态度，也不会对你造成不良的影响。如果劝你的多是女同事，你就偶尔自黑一下：“要上班，要干家务，要带孩子，很辛苦，你很厉害，我做不来。”表面上夸她，实际上是否定她的生活方式。作为逼婚的反击技巧，可以时不时使用。

如果你想对他们“加大剂量”，也可以表现得更前卫一点，年轻人思想观念比年龄大的人开放，你的同事肯定能够理解，也不会觉得是冒犯：

“不结婚也挺好的，可以自由约会。”

“我挺喜欢同居的，结婚有什么好。”

“现在一个人过得挺好的，生孩子养老那些事情，以后再说吧。当一天和尚撞一天钟。我就这性格，习惯了。”

对婚姻充满幻想、特别忠诚的人，特别听不得别人说婚姻坏话，若你对他说婚姻有什么不好，他会不高兴，就不会和你继续说下去，这也是反逼婚成功。每逼婚一次，你就变着花样重复一次，他们也会听到你对他们逼婚的不满意和反感，应该就会有所克制。

为了得到更多支持，你可以积极和同单位的单身未婚男女青年结盟，抱团取暖，互相支持。大家都没有家庭负担，时间更充足自由，多一起玩乐，结成牢固的单身同盟，一起反逼婚，也可以在情感上互相支持，提供慰藉。

反逼婚是一个长期的过程，最终的目标是和同事构建新型的、互相尊重的关系。采取什么样的措施，要根据工作环境和人际关系来定，关键是最适合的，既解决同事逼婚的问题，又不会对职场人际关系和职业发展造成负面影响。

朋友

真假朋友现形，重构朋友圈

◎ 理念

互相尊重、理解、支持的才是真朋友

◎ 目标

重新梳理朋友圈

◎ 原则

尽最大可能维护友谊

清理不尊重你的朋友

小安是我辅导反逼婚的女孩，刚好30岁。2015年2月15日情人节的第二天，她突然给我发微信，说她的闺密桃认为正在和她相处的男人很有诚意，只不过是木讷、老实，劝她不要拖，别耽误这个男人的时间。这可是小安的闺密，听起来像是在责怪小安。

我马上问小安，桃是否已婚，是否见识不广。不出所料，桃的家庭条件比较好，但自身能力不强，早早就结婚了，全心相夫教子。桃一直认为，女人一定要趁年轻找个潜力股，下半生才有依靠。我分析，正因为她有这样的思想，也会急于把小安推销出去，所以遇到一个表面上看起来还行的男人，她就觉得可以嫁了。为什么她觉得正在和小安相处的这个男人有诚意呢？桃的依据是：男人在情人节那天送了小安一条1200多元的项链，并请她吃了一顿100多元的饭。可是，小安认识这个男人已经两个月了，两人才见过五六次面，平时的交流话题仅限于生活小事，常见的情侣之间的表白、情话、牵手、接吻等行为，都没有发生过。这些反常现象，桃认为是男人木讷所致。更可气的是，她不但为小安出了一个馊主意，还责怪她耽误男人的时间，怎么说这都不是朋友尤其是闺密应该说的话。

小安意识到桃没有为自己着想，这也不是第一次，但她并没有向桃提出抗议，因为她担心惹怒了闺密，以后都不理她，自己的朋友会变得更少。朋友们都结婚享受天伦之乐了，仍然和她玩的人很少，这让小安特别珍惜每一个朋友。小安的案例就是很典型的朋友逼婚。

朋友逼婚容易加剧焦虑感

朋友圈是未婚女性反逼婚非常重要的情感支持网络，闺密之间互相聆听、互相陪伴、出谋划策，可以为未婚女性提供坚持单身的动力，消除孤单感。正是由于这种重要地位，来自朋友的逼婚会给未婚女性造成很大的压力。闺密是未婚女性朋友圈中最亲密的人，她们的逼婚会进一步加剧单身女性的焦虑感。

朋友逼婚和其他人逼婚有所不同，可以分成两种形式，一种是结婚的集体行为形成逼仄的逼婚环境，一种是语言上的逼婚。

集体行为逼婚指的是朋友圈的某些行为和事件，会催生单身女性结婚、急于结婚的念头。中国的结婚人群中，25—29岁领结婚证的比例最高，同学、同事、朋友等会在这个年龄段陆续结婚，没结婚的人或多或少都会参加好几场婚礼。婚宴这个场合，本身就会提醒没结婚的人自己未婚的现实，而参加婚宴的宾客，互相问一问婚姻状况，提醒一下抓紧时间，也是很常见的，喝喜酒就变成对单身者的刺激。

其次，绝大部分女性结婚后精力和时间会转移到家庭上，和朋友聚会的频率大大降低，花在朋友身上的时间严重减少，友谊退居家庭生活之后，只有当丈夫出差或有事、孩子送回老家给老人带，已婚女人才有自己的时间，这个时候她们就会想到没结婚的朋友，约出来见面聊天或看场电影。有的已婚女人，婚姻出问题了、和老公感情不和，或者发现老公出轨需要倾诉时，才会主动联络未婚女性朋友。未婚女性会突然发现，自己的朋友正在“消失”了，不像以前那样随叫随到了，自己宅在家里的时间越来越长了，朋友圈严重萎缩。她们会担心，一直单身下去，找不到朋友陪伴，一个人会很孤单，并产生焦虑的情绪，但她们通常能找到的解决方法就是结婚，于是更加焦虑。

雅彤的女性朋友结婚之后，迅速把她抛之脑后。28岁时，闺密们婚前婚后来了个180° 的大转变，以前经常一起吃饭看电影、通宵谈心事的，婚后大半年都不联系她。而她要找闺密们倾诉也受到诸多限制，比如，晚上11点多心情沮丧想打电话倾诉，还得考虑会不会打扰闺密的家庭生活，而不再像单身时那样，任何时候都可以毫无顾虑地拨通闺密的手机。

另外一方面，大部分朋友都结婚了，单身的人会发现，朋友们的社交活动已经从个人为单位转变为以家庭为单位，很难融入朋友的活动，就算一起参加，也是以家庭话题居多，自己又不大感兴趣。而且，没结婚的女人很容易成为聚会时的“靶子”，朋友们都七嘴八舌问她怎么老不解决问题，给她提意见，或者张罗介绍对象。说一两次能忍受，但说多了，虽然以关心为名，未婚男女也会反感被众人消费。

在和已婚朋友的聚会上，由于人多势众的关系，话题大多是由已婚人士主导，因此常常围绕婚姻生活展开。对此，有的未婚女性是可以接受的，她们觉得可以通过朋友的经历，增加对婚姻的了解，为以后做好准备，会耐心地听朋友们拉家常。不过，毕竟单身人士没有婚姻生活的经历，对这类话题的兴趣并不能持续，不想总是被狭窄的话题围困，会逐渐变得不太愿意参加已婚朋友的聚会。当朋友聚会越来越少，生活貌似好像只剩下自己一个人时，有些单身者会学习和自己相处，适应独处；但也有些单身者，会变得更加担忧和焦虑，想结婚的念头更加强烈。

朋友逼婚的另外一种形式，是语言上的逼婚。就像前面所提到的小安一样，桃总是催她抓紧时间，屡屡灌输女人年龄大就会贬值的观念，小安虽然能坚持不将就，但心里很着急，觉得自己很孤独，没有支持。

大龄未婚的女性，很容易被认为是因为挑剔、要求高导致被剩下，她们的朋友也不例外。当“剩女”的朋友自以为好心地提意见时，也会从改变重塑她开始，即使这种重塑会伤害自己的未婚女性朋友，也觉得理所当然。

小丁是我在宣讲会上认识的一个读者朋友，28岁，有一个认识了十多年的发小容。她非常珍惜这段十多年的友情，每次回老家过年，都会找容叙旧。自从容结婚后，就特别爱给小丁的婚事出主意。她告诉小丁：“你的五官不好看，要靠打扮补救，要穿得时尚点，才会有男人嗅到你的女人味。”容还建议小丁，穿得性感一点，多去酒吧逛逛，扩大交际圈，多认识男人。“她自己的老公是相亲找回来的，却让我去酒吧找老公，酒吧的男人能靠谱吗？”小丁对容的指点非常不满，但念在老朋友的情谊上，忍了又忍。

朋友是因为兴趣爱好、价值观、世界观相近而走在一起的，朋友的责任就是互相分享生活，互相提供帮助和支持。不是所有已婚朋友都会逼婚，相当一部分人会鼓励和支持自己的单身女性朋友勇敢地坚持单身。未婚朋友，也是已婚女性倾诉婚姻不满的很好的对象。结了婚的告诉没结婚的自己的感受、婚姻是怎样的，特别有说服力。这种情况下，不但没有逼婚，女性之间的友谊也没有被婚姻隔断。

但是，有的女人结婚之后，就像拔了城头大王旗那样，自以为是胜犬，带着满满的优越感。一些已婚女人刻板地认为，没有结婚的女人容易当“小三”，抢走她的老公，最好的办法就是把她嫁出去，闺密找到老公，她自己的婚姻就安全了。可笑的是，出轨的原因在于婚姻扭曲人性，成本也很低，妄图把未婚女性都驱赶进婚姻，并不能解决男人出轨的问题。

因应生活际遇挑选新朋友

如何处理朋友圈的逼婚？鉴于朋友圈的重要性，我建议单身女性重整朋友圈，建构一个为自己提供支持的朋友圈。我们每个人的朋友圈都是流动的，在不同的年龄段、基于不同的生活际遇，和不同的人成为朋友。在不同的人生阶段，会遇到新的朋友，单身者应该更加主动地根据实际情况调整朋友圈。

1. 疏远带有优越感的已婚朋友。人的价值观会随着生活经历而改变。有的女人结婚后会全盘否定过去的单身生活，不遗余力地推销婚姻。这样做的动机有很多，婚姻不幸的女人会觉这就是女人的命，是无法改变的，嫁给谁都一样，还不如赶紧结了算了；婚姻幸福的女人则想把自己的生活方式强加在没结婚的女人身上，大家一起幸福。在一个崇尚婚姻的社会，绝大部分人认为结婚是人生必须经历的大事，女人的价值被定义为结婚生子，一旦完成社会期待的性别角色，找到社会认同，就会反过来监视不合群的单身女人。当你发现朋友结婚后已不再愿意和你平等对话，对你的单身生活诸多意见和干涉时，就应该提高警惕，你的朋友很可能是这类人。在她秀幸福、流露出优越感时，要明确告诉她你希望她改变态度。若她不理会你的意见，继续我行我素，就应该对友情放手，疏远她们，防止她们的行为挑起你的情绪。若朋友因为你大龄未婚而羞辱贬损你，更没必要留恋，可以考虑绝交。

2. 沟通说服，努力维护和已婚朋友的友谊。这种适合思维模式开放、通情达理的已婚朋友。单身女性的朋友圈非常重要，这点我已经在前面强调了很多次。已婚女人婚后花在朋友身上的时间变少了，但有不少已婚女人并没有忘记朋友，非常努力地做好家庭和朋友之间的平衡，对于这部分人，单身女性应该用积极的态度维护友情。我相信，想维护友情的女人，会用更灵活变通的方式处理朋友的差异，可以接受你的单身甚至为你打气。而你积极主动和她们沟通，用双方都舒适的方式互相关心，你成为她在婚姻外的盟友，随时能够为她提供对抗婚姻风险的资源，她是你坚持单身生活的强大精神支持，为你谈恋爱或结婚出谋划策，相得益彰。

3. 认识新的单身朋友，抱团取暖。疏远了有优越感的已婚朋友，其他已婚朋友虽然愿意保持联系，但次数越来越少，生活圈的确在萎缩。解决的根本办法是，认识新的朋友尤其是单身朋友，给自己的朋友圈补充新鲜血液。如何构建能对自己的生活提供支持的朋友圈，是单身女性的重要议题。认识新朋友，最重要的原则是必须认可单身是个人的权利和自由，不歧视单身者。由此，认识单身女性朋友是最适合的。她们没有家庭的牵绊，容易满足朋友的陪伴需求，自身也同样需要朋友的陪伴，可以随叫随到。而且，单身生活的生活内容比较相似，有共同的话题，可以分享生活、情感，互相讨论各自的感情经历等，单身女性互相分享情感经验，也会互相提点，但并不会造成逼婚的压力。至于如何认识新朋友，现在网络很发达，可以上豆瓣的同城活动，参加线下活动认识同城的朋友，也可以泡微博，认识在不同城市的网友，线上线下结合起来，肯定会大大充实朋友圈。

随着互联网的普及，虚拟社区、社交网站、微博、微信、QQ等互联网衍生的社交工具使人可以随时与外界保持联系。在这种情况下，其实单身者是很容易找到网络陪伴的。你可以借用社交工具将原有的朋友都联系起来，还可以在网上认识新的朋友，降低现实生活中朋友陪伴的重要性，减轻或消除自己的孤单感。

邻居和陌生人

表达关心就是八卦私生活

◎ 理念

社交话题谈论的是个人隐私

结婚是个人选择和个人自由

◎ 目标

表达自我，维护尊严

让对方了解你的真实想法

◎ 原则

做好情绪管理，保持良好心态

在反逼婚过程中，邻居和陌生人是很重要的群体。他们是离你的生活最远的人，但又无处不在。这个群体实在庞大，你就像置身军事区一样，三步一营五步一哨，今天遇到一个，他问你答，明天又遇到一个，又问，你又再重复回答……再平静强大的内心，也抵挡不住不断地被搅动。再加上，陌生人之间更加要保持基本的礼貌，即使不悦也得赔笑脸。

人多嘴杂你要控制好情绪

这里把邻居和陌生人放在一起讲述，是考虑到在城市，陌生人社会已经成型，邻居之间互相不认识也不是怪事，更别说知道你结婚与否。农村尽管还是熟人社会，闲言蜚语容易流传开来，但对逼婚的人来说，回家的次数不多，和他们打交道的机会很少，情面要留三分，但并不那么重要。

根据熟悉程度，陌生人和邻居可以分成三类：完全不认识的人、在某个场合经常遇到的但只有点头之交的人和有交情但联系不强的人。第一类完全不认识的人，比如坐飞机、火车、地铁闲来没事攀谈起来的，你们完全不知道对方是谁，只是很善意地攀谈打发时间，你们并不掌握对方的信息，只是恰好遇见。聊天的内容，基本都是围绕家庭、工作、学习、兴趣爱好等，说着说着，就会说到结婚的问题。

某个场合经常遇到的点头之交，比如你经常上健身房，肯定会遇到一帮喜欢泡健身房的人，你们对彼此的情况有一定的了解，但只限于某个方面。由于经常要碰面，也算认识了，还是要讲礼貌但无须太拘谨了。

第三类有交情但联系弱的人，是指生活在你的生活圈最外围的那层，例如住同一个小区的邻居、村子里的邻居和乡亲等。你们互相知道一点情况，一年回家三五趟，也都会遇到。又或者要办什么事，需要互相帮点忙。

在这三类人中，第三类人是最容易施加逼婚压力的，他很清楚你的婚恋状况，遇到的机会也多，因为熟悉又不太受社交礼仪的约束，他们的逼婚主要是形成舆论压力，影响你和你的父母。对你来说，反逼婚也是有顾忌的，“今日留一线，日后好相见”，对方赤裸裸逼婚，你却不能两眼一瞪掉头就走，否则只会落下话柄，被指责清高、看不起人，或者脾气古怪、怪不得没结婚等。更重要的是，跑得了和尚跑不了庙，你的假期结束了，离开村子回到所在的城市继续生活、工作，你的父母、亲戚、兄弟姐妹还要继续在村里生活，你的举动还要顾及他们的颜面，不能破坏他们与同村人的关系。打个比方，过年回家，在村里遇到同村的老伯或阿婆，他张嘴就来“怎么还不找个好归宿”或“赶紧娶媳妇”时，你不可能板着脸反问他“你怎么还不离婚”，如果真的这样做，会把所有人都得罪光了，这是你承受不起的。他们看你的眼光会更怪：“怪不得嫁不出去，原来这么难相处”，又或者“嫁不出去的人，这么难相处”，反正都是你的错。我相信，如果你高傲地指责父老乡亲不尊重你的隐私、举止不文明，他们不但对你，而且对你的父母、家族的观感也会变差。你们生活的环境不一样，对很多事物的看法大相径庭，对生活的要求也不一样，这种情况下坚持和他们谈隐私，可能只是牛头不对马嘴。

好就好在，不认识的人、认识但只是泛泛之交的人，不会对你的生活造成实质性的影响。你们的生活很少有交集，只要不影响日常生活，不管他们怎么说闲话，你都可以安心过自己的日子。问题就在于，这个人群的数量实在太庞大了，本来没觉得是一回事，问多了会影响你的情绪，情绪失控就会引起自我怀疑。谎言重复一千遍，也会成为真理。如果没有强大的内心和坚定的信念，本来无足轻重的问题也会把你压垮。因此，在应对邻居的逼婚上，情绪管理是最重要的。

我的一个女性朋友，30岁刚出头时就经常被人问什么时候结婚。她本来对结婚不太感冒，但经常参加同学的结婚喜宴之后，就变得越来越想结婚了，可身边又没有合适的人选，心里特别着急。父母眼看她都30岁了，也担心她以后不好找，催得很紧。内外的双重压力之下，她也越来越焦虑。偏偏认识不认识的人只要遇到了，也爱问她结婚没有，一听说没结婚，马上催婚，“赶紧结婚，女人需要一个家”是她最经常听到的一句话。“难道真的是我错了？”她在心里问自己。因为压力过大，在工作上遇到不顺心的事情，也会让她联想到30岁还没结婚的事，觉得自己特别可怜，经常失声痛哭。

陌生人如何看待“剩男”“剩女”的呢？在他们眼中，“剩男”“剩女”不结婚的理由不外乎以下几个：“要求高”“挑剔”“拜金”“不主动”“不正常”“变态”等。你遇到的陌生人，十有八九听说还没结婚，都会问你："是不是要求太高了？""太挑剔了？"至于"拜金""不主动""不正常""变态"这些，通常是放在心里嘀咕的，因为说出来很没礼貌，后果可能很严重。

应付第一种陌生人的逼婚，压力还不算大，只是觉得对方八卦，聊过之后说再见，以后再也不见面了，毫无牵扯，顾忌很少。第二种人，你可以利用社交礼仪作为压力。对方和你不熟，也是要考虑你的态度的，如果你不想对方问太多，可以营造出不想谈论这个话题的态度，对方自然会心领神会，没必要得罪你。这里利用的是中国社会最常见的"不想得罪人"的心态，向逼婚的人反向施加压力。

不过，最常见的问题是，未婚者不想得罪逼婚的人，常常纠结于如何在不得罪人的情况下让对方闭嘴。这全取决于你如何表达。若你指着对方的鼻子眼睛开骂，让对方知道你反感，逼婚的话题会引爆你这个火药桶，你当然会得罪人，相信对方下次不会再谈论这个问题，而且会在心里嘀咕"这人脾气真古怪，是不是变态"。

换一种表达方式，效果会完全不一样。"我没结婚呢，现在的生活还挺开心的，不用操心孩子的事，我喜欢看画展，经常参加艺术展，接受艺术的熏陶，日子还挺美好。"当你平心静气地描述自己的单身生活，在对方看来，不但知晓了你的生活满意度，也是一个成熟、值得信赖的人。若是不想谈论这个话题，也可以有技巧而礼貌地转移话题。有一次，我在地铁上遇到一个70多岁的阿婆，我们聊了10来分钟，她果然问起我有没有结婚。当时地铁上很拥挤，我不想暴露太多隐私，迅速把话题转移到她戴着的一副特别时尚的眼镜。她马上兴奋地告诉我，这是她一个很要好的工友送给她的礼物，她刚刚去看望了这个工友，接着滔滔不绝地讲述她年轻时和这个工友的轶事。就这样，我把在公共场所谈论个人隐私的尴尬局面，转化为友好的陌生人的对话。在这个过程中，我的情绪管理得非常好，全然没有被老太太触怒，一直兴致高昂地和她聊天。

催你结婚不过是寒暄而已

比较烦人的恐怕是回家被村里的父老乡亲七嘴八舌地逼婚了。在农村这种熟人社会，地方就那么大，基本全都认识，彼此知根知底，谁家嫁女娶媳妇生孩子，全村都知道。好事不出门，坏事传千里，流言蜚语之下，不但单身者要承受压力，父母更是颜面无光。脸皮厚的不理会闲话倒相安无事，但强求父母不理会世俗的眼光，是有点苛刻了。父母感受到的压力，当然就是消除压力，而办法只有一个，就是催子女结婚，这样来自熟人社会的压力便能跨越地理空间，传递到远离乡村的单身者身上。

这种情况，我们要放在整个社会交往习惯中来解读。我们首先要谨记，村里人随意问问之类的逼婚，并没有具体的目的，只是他们表达关心的一种方式，就像我们平时打招呼经常问“吃了没”一样。你难得回家一次，遇到了当然要寒暄一番。寒暄总要找话说，你没结婚当然会问你什么时候结婚；如果你没生孩子，会问你什么时候生；如果你已经生了孩子，可能就会问你孩子怎么样了。寒暄肯定是看人说话的，其实就是找话题而已。你是不是已经结婚，过得怎么样，他们也不会有太多精力关心，自己的事都够忙了，哪还会操心你的事。

只要你留意一下人们的日常交往就会发现，中国社会的社交话题相当有趣。不管是初次见面还是老朋友，西方在人际交往过程中会谈论天气、电影、音乐、艺术等话题，是一套独立的社交话语，而中国人则更爱谈论各自的隐私，婚姻状态、家庭情况、孩子教育、生育问题、工作情况、收入多少，谈论这些更容易被认可为坦诚，敞开心扉。这种差别存在的原因，大概与中国的隐私权观念尚未兴起有关。几乎所有人都热衷于用隐私换取人际交往的深入，没有人认为谈论个人隐私是需要改变的问题，自然结婚与否作为隐私中的重要议题，理所当然会屡屡被提及。被逼婚的人，也不一定认为询问隐私值得商榷，只是觉得大龄未婚，有异于常人，才会被轻轻一句无心询问的“什么时候结婚”引起情绪波动。

因此，在应对与自己的生活只有弱联系的人的逼婚时，从社交话题的角度理解逼婚者的行为后，整理好个人对单身的看法，也是反逼婚的关键。只要你能坚持“单身是个人自由”的理念，控制好情绪管理，一一耐心解答不断重复的打探和询问，也不会构成压力。问题就在于，很多人无法做到内心平静如水，有的人甚至觉得自己像过街老鼠，或者勾起伤心往事，是因为你的内心仍然没有接纳自己大龄未婚的现实，觉得自己理亏，低人一等，别人随便问一两句，就会让你产生羞耻感。

怎么办？最重要的还是解决根本问题，要无条件接纳和认可自己的单身状态，把“单身是个人的选择和自由”这个理念，当做一种信仰。很流行的那句话“什么样的年龄做什么样的事情”，是大错特错的。在现代社会，每个人都会根据自己的需要和兴趣安排人生中的事情，有权决定自己的人生，做什么不做什么，什么时候做什么时候不做。有的事情，甲认为很重要，所以在25岁就做了，比如结婚；但对乙来说，25岁结婚太早了，他要申请出国留学，就把结婚这事推到了35岁。这样的情况太常见了。中国社会早已开启多元化的进程，每个人要做的事情都不一样，人生安排当然也不一样，并不需要整齐划一地在某个年龄结婚。没有必要拿外界的年龄标准来要求自己，更加不能因此而否认自己，降低自我评价。

其次，每次被人问怎么还没结婚，大大方方地告诉对方你的答案，比如“没有找到合适的”“还在读书呢”“工作太忙了”“圈子太小了”等。不要小看这个回答，既维系了你和他人的良好社交关系，其实也是你的自我表达，通过自我表达的训练，接纳自己，宣扬你的生活方式，是维护尊严的重要手段。在适婚年龄前后几年内，逼婚的频率是很高的。每被问一次，你就有一次训练，慢慢就接受现实了，口才也会变得很不错。

最后，如果你不想和对方继续聊婚姻的话题，可以转移话题，掌控你们之间的对话，也可以寻找机会离开，结束对话。所以，反逼婚也要具备较强的控制能力，也可以叫掌控能力，能够把握聊天的话题和节奏。你每次和逼婚的人的聊天，都不是随心所欲或轻松愉快的，而是应该处于一种战斗的状态，刺激又紧张。要记住，根据自己的感受决定是继续对话还是中止，任何时候都服务于自己，不要勉强。若你心情好，有兴致陪他们聊下去，告诉他们你的真实生活和感受，就让自己兴致勃勃好了。如果对方说话难听，你不想和他继续聊下去，那就找个理由离开。对陌生人的反逼婚没有特定的目标，他们和我们的日常生活关系不大，不是必须克服的障碍。

对于平时接触不多的人，反逼婚的效果是非常多样化的，可能是对方即时表达理解、支持和赞赏，也可能观念冲突导致的不欢而散，也可能是对话被打断，可能是话题被转移。说到底，他们是处于你生活最边缘位置的一群人，他们的态度对你的生活没有实质性影响，你反逼婚的方式是一次又一次的重复表达自我，除了控制好情绪，还要对单身有坚定的信仰，理直气壮，抬头挺胸，才有底气面对各种探询隐私。

反逼婚
之
技术篇

在反逼婚过程中，原则、理念、策略给反逼婚过程定下了一个大框架，不管遇上什么样的人，都可以综合运用策略，逐一击破。但是，反逼婚过程是动态而复杂的，每个人遇到的情况会不一样，也会有很多技术性的细节问题。在这一篇里，我把在调查过程中收集的常见技术细节问题罗列出来，并一一作出解答，大家如果遇到了，可以有一个现成的答案供参考。不过，提醒一下大家，情况千差万别，还需灵活应对。

1. 妈妈老爱打听相亲情况怎么办?

很多未婚男女青年不止一次向我抱怨：“我妈老是爱打探，问这问那的。”如果是去相亲，子女一回到家就被揪住问：“感觉怎么样？”“你喜欢吗？”说完这些之后，生怕子女见一次面就拒绝，便会劝“多相处下试一试”“哪有见一次就喜欢的”“感情是培养出来的，多见面就好了”……我有一个女性朋友，约了晚上8点相亲，晚上10点多才回到家，连鞋都还没换，妈妈就跑到门口问“怎么样，喜欢吗”？恨不得女儿一见钟情。如果是和相亲对象相处的，爱打探的妈妈会问“进展到什么阶段啦”“牵手没有”……

很多女孩不喜欢也不习惯向妈妈交代感情进展，为了应付，刚开始还会耐心回答，但问多了就烦了，觉得自己没有隐私，妈妈管太多，于是火星撞地球就吵起来，吵得多了自然伤感情。

爱打探的妈妈并不少见，大多是有能力为女儿找到相亲对象的妈妈。既然男人是她们自己或者托人找回来的，她对男方的条件、要求、见面时间等非常清楚，有时候还会双方父母一起见面。

被妈妈问东问西的女孩，大多都是和妈妈一起住的。这种家庭，以原生家庭在一二线城市的为主。因为只有这样，女儿才可能和父母在同一个城市，既然在同一个城市，基本就是和父母住的。原生家庭不在一二线城市的，父母可能是在三线城市、县城或农村，和子女分别处于两个地方，即使妈妈能托人介绍，相亲之后最多只能打电话询问，比较容易打发。

那么问题来了，摊上这样一个妈，怎么办？我们要先分析双方的力量对比。首先是妈妈这方面，她的教育程度、社会资源、收入、职业、脾气、个性等，都会影响你的对策。根据妈妈的实力，可以分成这样两类家庭：一类是父母属于中产阶级的中产家庭，一类是城市里的普通家庭。在这里，我们可以排除上层家庭，因为上层家庭子女的婚姻受父母控制的可能性较大，如何配对关乎家庭利益，子女的自主权非常小。

在城市中产家庭里，父母有体面的工作、稳定的收入，享受较好的福利保障，人脉资源比较丰富，见识也较广，有能力和资源为女儿找到足够多的匹配男性相亲。如果你接受了大学教育，经济独立，同属中产阶层，与父母的经济实力差距不太大，你是有资本反抗父母毫无隐私式的打探的。最起码，你可以使用一定的技巧，寻求双方关系的平衡。但是，如果你的父母经济收入和财产非常丰厚，与你的差距非常大，而你又仍然依赖父母的经济支援，抗衡能力不强，压力会很大。

相比之下，在城市普通家庭，父母爱打探造成的压力并没有那么大。父母是城市里的普通市民，而女儿已经接受了大学教育，奋斗进了中产阶层，他们的受教育程度、收入、职业、人脉资源等，都决定了其不可能对子女施加太大的压力。再加上，他们还希望子女在他们养老的问题上能有帮助，施加压力时会有所顾虑。出生在这样的家庭，你的反逼婚压力会比中产家庭小得多。分析完家庭情况之后，说说具体的应对策略。

（1）有耐心，态度好。父母问什么，回答什么。不伤和气的前提就是态度，你对父母的态度好了，父母对你的态度才会好。大家都是为了你的婚事而着急，你也没必要和父母翻脸。要让父母觉得，你是一个积极相亲、值得信任的好孩子。

（2）了解清楚父母对未来女婿的要求。父母会知道，一些男人是不能嫁的，比如吸毒、赌博、有犯罪前科、好吃懒做、暴力、不孝顺父母、不顾家、人品差、没有上进心、妈宝等。父母问你为什么不喜欢，可以在父母不喜欢的特征中选一两项，告诉他们："你觉得他是这样的人。"父母帮你牵线搭桥，能把关的就是相貌和条件，而你看重的是感觉，父母那一辈人对此很难理解，尤其是条件非常般配的情况下，你还不喜欢，就很容易来气。所以，你先准备好他们能够接受的答案。如果父母认为对方人品差、坏习惯一箩筐也可以接受，那你就向他们发难了，因为他们是在坑你。

（3）主动进攻。进攻是最好的防守，不要等父母发难，你要先出手。相亲回来，先开口告诉父母相亲的情况；为了表示你的诚意，你也可以相亲完后马上给父母打电话，把大概的情况说一下。大胆跟父母讨论相亲对象，如果他们问得仔细，就直接和父母讨论kiss等私密话题，看谁先扛不住。频繁相亲又没相中，继续请父母帮忙介绍，直到用尽他们的相亲资源为止。能相的都相完了，父母就没办法了。在你如此积极的情况下，若还为难你，就是父母不对了。

（4）如果你靠父母供养，更加要和父母保持好的关系，否则饭都吃不上。随时准备撒娇卖萌，和谈是你最主要的手段。在某些事情让渡部分权利，换取父母的信任和放权，扩大婚恋上的自主权。我有一个朋友，留学时非常听妈妈的话，不找外国男朋友。经常和妈妈讨论男人，性也不避讳，父母安排的相亲都很积极参加，但否决权在她手里。日子过得很滋润，相了很多次亲都不合适，亲子关系却仍旧和睦，她继续享受妈妈的照顾和呵护。

2. 妈妈有事没事就提结婚怎么办？

这是和父母一起住的未婚男女青年才会遇到的事。离开原生家庭到其他城市工作的子女，父母其实也很想这样，但没办法孩子不在身边，顶多发条短信打个电话说一说。和父母一起住的子女一定要做好心理准备，你和父母每天都见面，没有任何阻隔，父母可以24小时催婚。即使你不和父母一起住，父母偶尔到你工作的城市探望，在你家住上一两个月或一两个星期时，你们天天见面，父母也有可能在这段时间唠叨你。有父母照顾，你不用做饭洗衣服打扫卫生，生活很舒服，但就必须忍受父母逼婚。

我的一个朋友在上海工作，妈妈偶尔去她那里看望她。和妈妈一起住的那段日子，她就被妈妈在凌晨两点多揪了起来，说是要和她好好谈谈结婚的事，睡得正香被摇醒，她火冒三丈。第二天起来后仔细想想昨晚发生的事之后，她才发现原来自己没结婚这个事情，给妈妈带来那么大的压力，特别内疚。再加上，她妈妈早年离异，特别希望女儿婚姻幸福。

除了半夜三更把人叫起来外，还有的妈妈会冷不丁就说起来了。有一次开讲座，一个观众提问说：我妈妈就是这样的人，随时随地就能破坏你的心情。明明是在好好吃饭，突然就会说结婚的事，不断地唠叨，搞得连吃饭的心情都没有了。

关于父母随时唠叨逼婚的事情，我们可以先换位思考。如果不是妈妈心里记挂着你结婚的事，怎么会有这些举动？换做是你，很关心一件事，你也会总是惦记着，如果惦记到睡不着觉，说明你是真的为这件事情着急。怎么办？事情还没做完，当然是想快点做完，了却自己的心愿。前面也说过，父母会把为儿子娶媳妇、把女儿嫁出去，视为重要的人生任务，尤其是母亲，如果没有完成任务，她就会遭受来自亲戚朋友的压力。而且，父母还会认为，女人结婚了才有一个家，才有人照顾，他们会担心你日后生老病死得不到应有的照顾。你看，换位思考之后，父母的逼婚其实是可以理解的。因此，你的应对方法不是吵架顶嘴，而是应该消除父母的焦虑。

（1）控制好自己的情绪。父母说什么听什么，互相交流，有问必答。不要被没有规律的逼婚牵制，更加没必要生气。逼婚势力最大的威力在于反复无常，捉摸不定，反逼婚要有极大的耐心。兵来将挡，水来土掩，见招拆招。有的人自己也很想结婚，但就是找不到合适的对象，心里也很着急，也很担心嫁不出去，妈妈的唠叨有时候会变成火上浇油。如果你是处于这种情况，更加要做好情绪控制，积极疏导自己的紧张和焦虑。情绪控制不是一件容易的事，但你必须努力。

（2）向妈妈耐心解释。有的父母理解不了子女的情感要求，那你可以把谈过的男女朋友或者相亲对象都拿出来，给父母一一分析，罗列你不选择他们的原因。请妈妈参与讨论这样的决定对不对，如果她有不同意见，可以再议。一旦你的判断获得父母认同，会增加他们对你的信任，你的自主空间就会大很多。

（3）诚恳地向妈妈道谢，感谢她对你的关心，并告诉她你的真实想法。如果你并非独身主义者，就告诉她你也想结婚，现在情感状况如何，有哪些困难，你有何计划。如果有合适的人出现，你会抓住机会，不会随便放弃，请她放心。如果你是独身主义者，请参照前文独身主义者的反逼婚策略。

（4）请妈妈帮忙介绍对象，不拒绝相亲。如果妈妈太着急，不如让她行动起来，这样她会更踏实。反正，你也可以多认识异性朋友。相亲不成，就当交个异性朋友。有女性很排斥相亲，觉得目的性太强太直接，期望两个人的相遇顺其自然。这种想法可以理解，浪漫的邂逅成就一辈子的幸福，多美好的愿景。然而，相亲的确能让你认识更多想结婚的男人，没必要抗拒。

（5）告诉妈妈，你一个人也过得不错，已经在为未来做准备。妈妈之所以担心你，主要是因为担心生育和养老等问题。那你就告诉妈妈，你对未来已经有规划，你已经在攒钱，以后会赚更多的钱，老了就请护工或者去养老院；现在医学昌明，年龄大的女人也可以生出健康的宝宝，你现在努力工作赚钱，以后也可以给孩子提供好的成长环境。总之要告诉妈妈，你会努力找人结婚的，现在暂时一个人，也能过得很好，以后日子也会越来越好。

3. 妈妈当面说得好好的，转过身又逼婚怎么办？

这是我朋友的真实经历。她妈妈在老家，已经退休多时，孙子也长大了，空闲时间特别多。我的朋友在北京，一年就回家一次。从她30岁那年起，妈妈就不断催她结婚。平时会在周末打电话给她说相亲的事情；春节回家，就会安排多场相亲。她非常厌烦，但又不好和妈妈硬来，因为妈妈身体不太好，怕刺激老太太，影响健康。

没想到这个妈妈特别“霸气”，手特别长，总是能找到关系给她介绍对象。最让她受不了的是，老太太总是认为自己女儿没有嫁出去，特别没有面子，经常在其他人面前贬低她。其实，她事业发展挺好，根本就不是妈妈说的那么差。后来，她表姐婚后被老公家暴，她妈妈才消停了一段时间，但很快又折腾起来了。

经过长期反抗，这个妈妈也知道女儿烦她，所以总是答应女儿不再管了，尊重女儿的选择，可是转过身去就又托朋友给女儿介绍对象。这一招特别“狡猾”，她自己不出面跟女儿说，总是托亲戚或朋友给我朋友施压。碍于辈分，我的朋友又不好发火。对我的这个朋友来说，她妈妈的逼婚是从来没有停止过。

她的应付办法是，每次相亲都会去，但自己决定是否相处下去。有一次，老太太托朋友介绍了一个对象，她去见过一次，觉得不合适，就没再见了。结果，老太太买了张火车票，打算亲自跑去北京，“押着”女儿一起去约会，吓得她连忙以“工作忙，来了没空理你”，才把老太太劝住了。遇到这样的妈妈怎么办？我建议：

（1）老老实实去相亲，但牢牢掌握否决权。老太太身体不好，安全起见，不能硬碰硬，避免正面冲突，但否决权是坚决不能丢的，否则就成了包办婚姻了。特别提醒，千万不要因为妈妈身体不好、不想妈妈担心就将就结婚。若婚姻不幸福，你只能是哑巴吃黄连，有苦说不出。有一些相亲对象条件特别差，完全不符合你的要求，必须坚定地回绝。

（2）做好打游击战的心理准备。我朋友的经历已经证明，这一类型的妈妈，无法通过良性沟通彻底解决逼婚的问题。那就只好陪她打游击战，见招拆超。

（3）耐心非常关键，控制好情绪，千万不要生气。细水长流式的游击战，除了考验战术，还非常考验人的意志。只有心不乱，才能淡定应对。一旦你爆发情绪，被妈妈牵着鼻子走，就会影响心情，进而影响工作和生活。

（4）自黑。在相亲市场上，不管是男人还是女人，35岁以上仍然未婚的人群会大大减少。按照社会的择偶习惯，男人可以找比自己小很多的女人，但女人一般都不太愿意选择比自己年龄小很多的男人，对35岁以上的女人来说，择偶范围会相对小。和这类妈妈交锋，不妨自黑一下：我年纪这么大了，恐怕是找不到男人结婚咯。你妈妈生活经验丰富，想必也是心里有数的。当然，自黑归自黑，不要因为自己在相亲市场上的估价降低而感到沮丧，每一个年龄段的女人，都有自己的美，女人的自我价值不在于结婚与否。

4. 邻居家女儿孩子都生了，父母说不好意思出门，怎么办？

这是原生家庭在农村的女孩特有的困惑。农村的女孩结婚都比较早，如果你是读了大学之后到城市工作的，算是脱离了农村女孩这个群体了，理应不受农村女孩早婚的习俗约束。

有的农村父母很开明，知道女儿有自己的世界，不会逼女儿早婚。我有一个朋友，从农村出来，读了大学，工作两年后又考了研究生，26岁又回学校全职读书。村里的小伙伴们全部都结婚了，她的父母知道她要专心读书，完全不提结婚的事。等她研究生毕业又找到工作后，才提醒她要考虑结婚。

但有的父母完全不理会自己女儿已经走出农村的事实。我认识的一个女孩，从大三起每年暑假和寒假回家，都会被妈妈逼着去相亲。她妈妈认识的人，都是在农村的，哪能找到和她般配的男人。况且，学业还没完成，她哪有心思想结婚的事，所以非常抗拒相亲，始终和家里保持着一种“抗战”的紧张关系。

在一次分享会上，一个28岁拿了奖学金去欧洲留学的女孩很烦恼地对我说，“我都不知道该怎么跟父母解释”。她的父母经常哀怨地对她说，对门邻居的几个女儿全都结婚了，最小的女儿是“90后”，连娃都生了。潜台词就是：你年纪这么大还没结婚，连“90后”都比不上了。

在她的父母看来，邻居家逢年过节，女儿都回娘家探望父母，一家子特别热闹，而他们自己的女儿都28岁了，还没结婚。他们觉得压力很大，“他们说都不敢出门了”。

这个例子充分反映了子女大龄未婚，父母所承受的舆论压力。对在农村的父母来说，舆论压力尤其大。因为农村是熟人社会，闲言闲语传得快，也难怪这个女孩的父母觉得没有面子，不敢出门。那怎么办呢?

（1）向父母解释自己为什么没有结婚。这个28岁的女孩可以跟父母说，自己还在读书，要集中精力在学业上，暂时没有太多时间想结婚的事情。如果读书期间遇到合适的人，也会谈恋爱，向结婚的方向努力，请父母理解。有很多大龄青年是因为想找到情投意合的伴侣再结婚，这是很常见的。如果你有其他原因，那就直接和父母详细谈谈，没有什么是不能拿出来说的。

（2）开解父母，让他们把压力转变成骄傲。子女大龄未婚，父母觉得有压力，是因为他们也认可“到一定年龄一定要结婚”这种观念。要改变父母的这种观念可能比较难，但可以用崭新的观念冲击一下。你可以告诉父母，社会变化很大，人的选择很多，生活很丰富，越来越多年轻人推迟结婚，你只是顺应了晚婚的潮流而已。另外，你可以向父母强调，你读了大学、有较好的工作和生存能力，是一件值得骄傲的事情。

（3）告诉父母城市里的情况。你在城市工作，不管是价值观和婚姻观，都已经和农村隔离开来了，理所当然地，你的婚事也是应该向城市看齐，而不是农村。农村的女孩早婚，是农村的习俗，仅仅限于农村而已，不应该套在已经进城了的你身上。你还要向父母解释城市的情况，比如城市人结婚都普遍比较晚，你将近30岁还没结婚，其实很正常。

（4）仔细分析对面邻居女儿的情况。女儿全部结婚，也都生了娃，一家人热热闹闹过节，看起来是热闹开心的，可这也就是外人能看到的。她们过得好吗？老公对她们好吗？生活质量高吗？……在很多人的眼中，结婚就等于幸福，但实际上并不是这样的。当你的父母认为别人结婚了就很幸福，你可以扒开婚姻中的问题让父母看，告诉他们并非如此。这个去留学的女孩，学历可比邻居女儿高很多，可以预期的是，她已经挤进了中产阶层，但邻居的女儿应该是没有读过大学的，无论是工作、收入、对子女的教育等，都比不上这个女孩。另一方面，女儿出嫁从夫居，离开父母，只有过年过节才回家探望父母，见面的时间大大减少，也没有什么值得高兴的。还没有结婚的女儿，陪伴父母的时间会更多，对父母的帮助也会更大，比如父母生病需要照顾等。总之，你可以对父母动之以情，晓之以理，也可以诱之以利，从女儿未嫁可以让原生家庭获得更多收益这个角度，来说服父母。

这种比较也可以延伸至城市，父母拿你和其他人比较时，就耐心扒开他们认为幸福的例子，把爬满虱子的那一面抖出来。人不应该比较，但若执意比较的话，就全面比一比（资料详见婚姻存在的问题部分），已婚和未婚各有优劣，谁幸福谁不幸福真说不定。

5．父母都很渴望抱孙子，想我早点结婚，怎么办？

这种情况常见于独生子女身上。在父母逼婚的原因中，父母想抱上孙子就是其中之一。老年人看到同龄人抱孙子，难免会羡慕。在父母这一代人的观念里，儿孙满堂就是幸福老年、人生圆满的标准之一。这种观念根深蒂固。老人之间也爱比较，比谁的孩子工作好、收入高，比谁的孙子长得好。子女到了适婚年龄，父母还没抱上孙子，时常被人问起，神经时不时受到刺激，觉得没面子。对于非独生子女的未婚青年来说，兄弟姐妹有可能已经结婚了的，父母想抱孙子的愿望，由已婚子女帮助实现。我曾在讲座上遇到一个读者，家里有三姐妹，她排行第二，父母也一直逼婚，但姐姐还没结婚呢，于是父母先催促姐姐。姐姐结婚之后，很快就生了孩子，她父母开心得不得了，天天帮忙带孩子，反倒没空再催她了。

但对独生子女来说，自己一天不结婚不生孩子，父母就抱不上孙子。可是，结婚得有合适的对象，满足不了父母的愿望，大龄男女青年自己也特别难过和愧疚。对于这种情况，我建议从满足父母的愿望入手解决：

（1）向父母解释自己为什么没有结婚。让父母明白，你是想结婚的，只是结不了婚，父母也会不得不接受。父母虽然逼婚，其实心里都很清楚，不能包办婚姻，不能强迫子女结婚。既然结不了婚，着急也得接受现实。

（2）在亲戚或朋友中找个孩子，让父母享受与小孩子玩耍的乐趣。给老人带来天伦之乐的是孩子，有血缘关系的可以，没有血缘关系的也可以。既然你没办法短时间内结婚生子，可以在亲戚中或者你的朋友中找找看谁家有孩子，经常邀请他们一起到你家做客，给父母制造和孩子一起玩的机会。

2011年10月在北京访谈时，一位30岁、正在创业的男士向我介绍了他的经验：他父母逼婚很重要的原因是想抱孙子。很巧，父母逼得正紧时，他表哥生了一对双胞胎儿子，需要人帮忙带孩子。他的父母开心坏了，经常跑他表哥家帮忙带小孩，忙得不亦乐乎，连儿子的婚事都不再催了。这位男士感叹：“这对双胞胎拯救了我。”

如果亲戚的孩子已经长大或者也还没生孩子，怎么办？可以从已婚的闺密下手，请闺密带上孩子一起到你家玩。如果父母很喜欢闺密的孩子，除了多到家里做客，还可以一起喝茶吃饭，或者上公园，虽然不是亲孙子，但孩子的天真可爱，是不会因血缘不同而有别的。你父母想抱孙子，不一定是你的孩子，他们只是想和孩子玩而已。

这里又有一个问题，父母想抱孙子很可能蕴含了传宗接代的想法，这常见于对大龄男青年的逼婚中。男性承担着为家族传宗接代的重任，父母常常会演变成管你幸福不幸福，给我生个孙子就行。如今，男性对情感的要求也是越来越高，但结婚红利相当丰厚，结婚之后，马上就有老婆做饭、洗衣服、打点亲戚关系，父母也不再唠叨了，于是有不少男人随便将就一下都行。尽管男人可以享受婚姻红利，但我始终觉得没有爱情的婚姻，对男人来说也是不幸的。现代社会已经为男人和女人提供了很好的条件，为满足情感需求而结婚。

我认为，男人要努力抵抗传宗接代观念的“压迫”。首先，男青年自己也要摆脱传宗接代的观念。你是为自己而活，不是延续家族香火的工具，应运用你拥有的一切资源，对抗逼婚压力。改变父母传宗接代的观念是一个长期过程，在黎明到来之前，要有勇气做一个“死猪不怕开水烫”的儿子，就是不结婚，谁也拿你没办法。

6．妈妈喝完喜酒回家又冲我发脾气怎么办？

参加结婚喜宴会提醒你的妈妈，女儿或儿子还没结婚，年纪还不小了。这是提醒，更加是刺激，然后就是心塞和焦虑。婚宴很喜庆，但妈妈是不开心的。婚宴也是一场亲戚大聚会，免不了谈论各自的孩子，你没结婚的现实就成了妈妈的短板。妈妈肯定是要被亲戚问起你的婚事，可以想象，她有多尴尬。如果你家的亲戚开明，可能就是问两句而已；但如果你家有亲戚喜欢显摆，那十有八九是要向她炫耀的，“我家女儿早嫁了，婆家条件可好了”，这样的话是非常刺激人的，也会让她觉得非常没有面子。当妈妈受了刺激回家，又刚好看到你，迁怒于你就很正常了。

小春的妈妈去喝完表弟的喜酒之后，回到家就立即给朋友打电话，让帮忙安排相亲。小春不知道妈妈是在喜宴上受到刺激，一下子就火了：“怎么又突然安排相亲？”于是和妈妈吵起来。两人吵得特别激烈，说话也不注意，很多难听的话一下子蹦出来了。小春激动得身体发颤，大声嚷：“我随便结就好了，结了就离婚。”这是她平时常用的对付妈妈的招数，没想到她妈妈已经不顾及她的感受了，大声回一句“你就离给我看看”。这一场架对母女俩伤害特别大，好几天都互不理睬。经此一役，小春才知道，妈妈去喝喜酒时受刺激了，憋着一肚子气回家，这个时候千万不能吵架。所以，当你也碰上这种情况，你可以这样处理：

（1）回避正面冲突。如果你和妈妈平时关系很好，可以撒娇卖萌，向她说对不起，让她担心了，消除她的担忧。不管妈妈怎么骂你，都不要顶嘴。一旦顶嘴，肯定是火山爆发。人在气头上，说话肯定很难听，你和妈妈吵起来，肯定是会互相伤害的，只会让情况更糟糕。

（2）请妈妈马上安排相亲。没有什么比行动更能抚慰妈妈那颗受伤的心，让她赶紧找些人来相亲，相到合适的马上结婚。事情是你没结婚引起的，你态度如此积极，妈妈是没办法再责怪你的。这也是向她表态了，你愿意结婚。如果妈妈已经非常主动地给你安排了相亲，那你最好高兴地对她说“啊，好啊”。就算你已经厌烦相亲，最好把这种情绪掩藏起来。

（3）马上去买个礼物送给妈妈，或者请她吃饭。妈妈心里有气，最好在最短的时间内帮她疏导情绪。疏导得慢，她肯定加紧对你逼婚，你的日子也不好过。赶紧让她消气，淡化你没结婚让她在亲戚面前没面子的事，她至少也不会太唠叨你。事情是因你而起，由你来解决是最好不过的。不管怎么样，妈妈的情绪平静了，你的日子也没那么难过。有人送礼物，又请吃饭，谁都会开心的，妈妈也不例外，感受到你的孝心和体贴，或者就暂且放你一马了。

7. 我生病了需要父母照顾，觉得很过意不去，怎么办？

没有“按时”结婚的人，在不同程度上会对父母有内疚感。如果父母年龄比较大了，或者生病，或者婚姻不太幸福，内疚感会更强烈。其中，自己生病需要父母照顾，也是让“剩女”产生内疚感的情形之一。

劳烦年迈的父母照顾自己，送自己去医院，为自己送饭，或在家为自己做好吃的补充营养……父母日渐年迈，却仍旧要为自己忙碌奔波，就会心生愧疚。她们会认为，互相照顾应该是伴侣之间的义务和责任，如果自己有另一半，就无须麻烦父母了。在还没有结婚的情况下，只能由父母充当照顾者的角色了。

梅就有这样的经历。她35岁了，公务员，工作和收入非常稳定，唯独没有结婚，这成了父母的隐忧。对于平时父母的逼婚，她都顶住压力了。只有生病那一次，让她特别难过和内疚："我家离医院比较远，他们不舍得打车，转三趟公交车才能到医院，每天跑来跑去，特别辛苦。如果我结婚了该有多好，父母年纪这么大了，真的不忍心看到他们为我辛苦操劳。"

的确，对于梅来说，一边是对择偶标准的坚持，一边是对父母的歉意。不过我认为，家人之间的互相照顾，是不需要歉疚的。从法律和道德层面来看，家庭成员之间是有互相照顾的责任和义务的。在大多数情况下，我们都只强调年轻人对父母赡养的义务和孝顺的责任，很少提及在一定情况下，父母对成年子女也是负有抚养的义务，例如成年子女失去劳动能力，无法独立生活。并不是说子女成年之后，永远不再需要父母照顾了。当你还没有伴侣，又需要父母的照顾时，自己也要坦然接受。父母生病时，你尽心尽力照顾他们，你生病时，父母照顾你，互相照顾，本来就是一家人应该做的。

另外，也不要有"如果我结婚了，就不用劳烦父母了"这样的想法。即便你结婚了，丈夫也不一定能在你有需要时赶到你身边，比如你们两地分居，或他出差在外，这个时候还是需要父母承担照顾的任务。若父母帮忙会让你有内疚感的话，恐怕结婚后内疚感更强，因为你可能需要父母帮忙带孩子呢。仔细考察就会发现，单身和已婚两种状态中，已婚子女会消耗父母更多资源，却只有单身人士对父母产生内疚感。我们先看看这两种状态会给父母的生活带来什么影响。

已婚女人：和老公一起买房，多少得和父母要点钱当首付吧，先是掏空父母的积蓄。婚后，离开父母和老公一起住，陪父母的时间马上减少。生孩子，父母要伺候你坐月子，帮你带孩子。你妈妈原来爱跳广场舞的，现在只能推着婴儿车在小区转悠，晚上和孩子一起睡，一两年内不能睡安稳觉。你爸爸本来喜欢练字和去公园钓鱼，现在变成帮你做饭，哄孩子。孩子大点会走路了，两老人要带你的孩子出去溜达，抱孩子年轻人都吃不消，两老人应该会更累。孩子上幼儿园，大人可以稍微歇一歇，但还是要早起给孩子做早餐，定时接送孩子。读小学了，接送也是要麻烦父母吧？从孩子出生到上小学，你父母的退休生活中，有6年都是被孙子“霸占”的。如果你生二胎，这6年的生活又重来一遍，那么就是12年了。

对父母来说，本来可以很丰富的退休生活变得劳累不堪和贫乏不已，而且没有工资。不要说照顾孙子是享受天伦之乐，高兴的时候和孙子玩，不高兴时自己玩，才叫享受天伦之乐；每天伺候12个小时叫养育，不叫享福。父母劳心劳累帮忙带孩子，不但没有报酬，还会被人嫌弃隔代教育，对孩子不好。但我们却很少看到有已婚人士觉得对不起父母，反倒觉得理所当然。

单身女人：你没结婚，父母日渐年迈为什么会给你带来压力呢？难道你结婚了他们就停止变老吗？你现在没有给父母制造任何麻烦。父母病了，你可以全心全意照顾，休息时间陪父母聊天看电视……你没有麻烦父母带孩子，妈妈天天跳广场舞，爸爸天天去公园钓鱼，时不时和老同学、老朋友出外旅游，退休生活悠然自得。

已经结婚的女人，既要上班，又要带孩子、伺候老公、处理婆媳关系，想休息没有时间，连给自己买东西都得省着点，因为要把钱留着给孩子花，又怕婆婆、老公骂自己花钱太多，不会持家。父母不担心这样的，倒担心起单身的你：你没结婚，啥事没有，时间一大把，去旅游说走就走，钱全花自己身上，潇洒自由。什么原因呢？父母的担心错位了！你不需要嫁汉吃饭，养儿防老也不现实，你说已婚女人忙成那样，为了什么？但父母不是这样想，他们不知道时代变了，也没有正确理解你的单身，所以产生了虚幻的压力。如果父母是觉得女儿没结婚，让自己没面子，你更加不需要自责，结婚不是面子问题，而是个人幸福问题，不能为了父母的面子随便就结婚。和父母好好谈谈，慢慢化解他们的错误观念。父母担心子女，很多时候是因为对问题考虑不周，你需要做的事情就是，全面分析所面临的状况，指出利弊。

8. 朋友都说我长得挺好的怎么没男朋友，压力很大，怎么办？

很多女孩年纪轻轻的，就会感受到婚恋的压力，倒不是因为她们真的很想结婚，或者很想谈恋爱，而是发现同学朋友都陆续结婚了，没结婚的也有男朋友了，好像自己落单了。朋友们恋爱之后，常常沉溺在二人世界，单身的人就会觉得自己被忽略，特别孤独。而且好事者还会时不时蹦出来，认真而惋惜地说：“你长得不差，怎么就没有男朋友呢？”“你条件挺好的，怎么就没结婚呢？”“好男人都去哪了呀？”

在逼婚压力中，同辈的压力不可小觑。同辈的压力是如何影响没结婚没谈恋爱的人的呢？正如前面说的那样，有伴侣的他们会从朋友圈消失，你会发现自己的朋友越来越少，独处的时间越来越多；以前有事没事，你可以给闺密打电话，约出来喝咖啡，一起上图书馆，一起去踢球，但她们谈恋爱和结婚之后，根本不可能了。最明显的可以算打电话，以前大家都没有结婚，晚上十一二点想到什么或者不开心，一个电话就拨到闺密那儿，可当她结婚之后，尤其是生孩子之后，你就会担心影响她的家庭生活了。朋友聚会，从原来的一个人，慢慢变成带男朋友、带老公，最后带孩子，以家庭为单位，你作为一个人，连参加的资格都没有。即便你参加了，活动内容大多围绕丈夫孩子，并不是你感兴趣的。

这样一来，你会发现自己只不过是单身，却突然就有一堵铜墙铁壁把你的朋友和你区隔开来，你继而会怀疑，是不是我做错了什么，是不是我也该找个人结婚了？如果你这样想，你就中了逼婚的圈套了。我给你的建议如下：

（1）坚持单身是个人选择的理念，拒绝“漂亮绑架”。漂亮、帅、条件好、可惜等字眼能够钳制单身者，引起单身者情绪波动，其实是一种理念，觉得既然你这么好，就不应该落单，落单的应该是条件不好的，或者不漂亮的。这样的话，表面上是在夸你长得好、条件好，实际上是“明夸暗贬”。恋爱和结婚取决于很多因素，不是漂亮的、条件好的就会早早结婚。抵抗这类型的逼婚，你要认可自己的选择和身份状态，只有彻底接纳自己，你的情绪才能不被逼婚的人绑架。

（2）认识新的朋友，找到同是单身的朋友或同学，组成自己的小圈子。朋友都是流动的，每个阶段的朋友都不一样。既然朋友谈恋爱和结婚后就消失了，那么你就要认识新的朋友，把空缺补上。要有意识地结交几个同样是单身的朋友，和已婚的朋友不一样，她们没有男朋友或家庭的牵绊，可以随叫随到，万一你有困难，她们可以第一时间赶来帮助。朋友之间的义务是对等的，朋友对你好，你也要真诚对待朋友，在他们需要你的时候挺身而出。

（3）不要放弃已婚朋友。已经有越来越多的已婚女性觉醒，努力在婚内需要保持自我。她们也很需要朋友，如果你和已婚的朋友还有共同的兴趣爱好，就努力把原来的友谊维持下去。原来每周见一次的，婚后可以改成每个月见一次，只要双方都有意识地保护和维护你们的友谊，相信你们的友情会像醇酒一样，时间越久越浓香。

一旦你成功维持既有友情，又能不断纳入新朋友，你的朋友圈依然会繁茂蓬勃，你的单身生活就不至于因为同辈压力而被挤压，有朋友帮你抵挡这股逼婚势力呢。

9. 爷爷生病了，家人让我快结婚，让爷爷看到我幸福，怎么办？

在生病的爷爷看来，成家才是成人，无法见证你的长大成人就离开这个世界，的确是很大的遗憾。你要理解，当爷爷面对死亡，盘点自己的人生时，肯定会把你尚未结婚列为他的遗憾之一，于是亲眼看着你结婚，变得幸福，就会成为他最大的心愿。比较亲近的长辈生病，都容易引发催促子女结婚的行为。我曾接待过一个在读硕士生的咨询，她妈妈得了乳腺癌，正在治疗中，非常迫切想看到他结婚。可是，他不想改变现在的生活，以后还计划读博士。每次说到他还没有女朋友，妈妈就急得落泪，他特别内疚，觉得自己太对不起妈妈。

对于年轻人来说，长辈的这种愿望就构成亲情绑架了。亲情绑架是逼婚势力最常用的手段，也非常有效，因为在长辈生病尤其是重病的情况下，最容易让未婚男女产生不孝顺的内疚感。这种情况下，立场不坚定的人就容易放弃原有的择偶标准和坚持。亲人生病，会让没结婚的人倍感压力，但是只要病情好转，压力指数又会陡然下降的。

一个35岁的女人曾经跟我说，她的爷爷特别希望看到她幸福。在她爷爷看来，她的工作已经很稳定了，就缺一个家庭。可是，她一直没有找到意中人，一直单身。爷爷病危，她赶回家看望时，就觉得特别对不起爷爷，没能让他看到她结婚幸福的样子。平时都非常乐观的她大哭了一场。幸运的是，爷爷跨过了那个坎，身体又好起来了。她一下子就轻松许多，结婚的事也不急了。当你遇到这种情况，可以这样做：

（1）多抽时间陪伴生病的爷爷。用结婚让爷爷看到你幸福固然重要，但陪爷爷聊天，给他支持，一起对抗病魔，也是你作为晚辈对长辈的义务和心意，而且比结婚更加可行，更容易温暖他的心。

（2）如果你的确想结婚，请家人安排相亲。多去相亲是向家人表达你的诚意，但决定权始终要掌握在自己手里，坚决不放弃原则，不将就不妥协。你的配合，会让家人感到满意，不喜欢相亲的人，不是你的错。向你的家人表明，遇到相爱的人才结婚，是你的底线。如果他们不认同这样的底线，就向他们问责——如果我以后离婚，你们负责任吗？

（3）如果你还不想结婚，你可以提醒爷爷，结婚前要相互了解清楚，婚姻才能长久，轻率结婚容易离婚，麻烦更多，所以不应该着急。长辈生病之后，考虑问题容易缺乏多视角，光是想着催你早点结婚，忽略了离婚、遇人不淑的风险。这时候，你可以从这个角度提醒他，相信你爷爷也希望你婚姻幸福，匆匆结婚却以离婚收场，是他不愿意看到的。

（4）不要有道德上的压力。让家人长辈担心自己的婚事，容易给单身者带来压力，因为他们会有自我要求，要求自己对长辈孝顺。而孝顺，包括不让长辈担心。你应该改变“结婚等于孝顺”的观念，结婚是个人的自由，与孝顺无关。尽孝有很多种方式，陪伴、买礼物等都是。父母因为你没结婚而担心你，消除担心的办法不是将就结婚，而是告诉他们你一个人也过得很好。

10. 已婚已育的朋友老是很有优越感怎么办？

的确，很多女人结婚之后容易扬扬得意，即使是闺密也会变成这样。有一次，一个女孩向我吐槽她的一个女同事，学历没她高，工作职位没她高，只不过就是结了婚而已，吃饭的时候就敢对着一桌人说：“多关心她，赶紧给她介绍男朋友。”这个女孩特别生气：“她生的孩子还不是太健康，整天要去看病，就敢在我面前指手画脚了。”

这女孩还算忍得住，事后才和我发牢骚。另外一个朋友就没忍住，对着同事大吼一顿。这个朋友刚失恋不久，公司的女同事一起吃午饭时，好几个已婚女人又拿“剩女”开涮：“女人不抓紧，过了30岁就没人要了”“越等越不值钱了”，话说得特别难听，这个朋友终于没忍住，驳斥她的已婚同事："你们这帮已婚女人，吃饱了撑的，人家结不结婚关你什么事。"她的同事面面相觑，一顿午饭不欢而散。

结婚还是单身，是各自对生活的态度和选择而已。但是，结婚已经被视为女人的成功，当"剩女"被污名为败犬，很多已婚女人都有莫名的优越感。其实，用优越感赶跑朋友，对已婚女人也是坏事，尤其是闺密。女人固守在小家庭里面，没有太多朋友，只会自绝后路。

然而，不是所有已婚女人都有尊重未婚女人的觉悟，当你遇到这样的女人，要严肃地告诉她们你的感受，告诉她们这是一种冒犯，是很不礼貌的行为："我不喜欢你这样说""我不需要你介绍男朋友""女人的价值不在于结婚"……友好地通过沟通解决问题。若对方是通情理之人，会接受你的建议，以后避免类似的谈话或玩笑。

如果对方不理会你的抗议，你就可以进攻，和已婚女人谈谈结婚的坏处。有了老公后，就算是花自己赚的钱，大额消费还是要经老公同意；下班之后要赶着回家做饭给老公和孩子吃；周末不能睡懒觉或休息，要带孩子出去上兴趣班，或者上公园逛博物馆；有可能会被老公打或者强奸；婆媳关系不好处理，逢年过节去拜年，要做礼数，责任很多等。

说实话，比起单身者的简单生活，已婚女人的生活非常复杂，她们除了要上班，还要花费大量精力处理家庭事务，个人花在娱乐和进修上的时间非常少。如果你跟已婚女人说说那些她们平时很少说的事，轻则会觉得你很理解她们，重则她们会不高兴，谁愿意自己的生活方式被否定被挑剔呢？以上这些策略仅限于"屡教不改"的已婚人士。如果你的已婚朋友冥顽不化，不顾及你的感受，继续用优越感伤害你的感情，你可以远离她，去交新朋友，去寻找懂得尊重你的新朋友。

11. 闺密劝我不要看太清楚男人，否则就不想结婚了，怎么办?

现在网络很发达，结了婚的女人在网上的吐槽，很容易就被转来转去，没结婚的女人看到之后，发现结婚根本就不是想象中的那般美好，孩子、丈夫、公婆关系容易让生活一团糟，就不想结婚了或者至少不那么渴望结婚了。

已婚女人吐槽都说些什么呢？有人说自己结婚了，原来喜欢打球的，现在不能去，天天带孩子，老公倒好，结婚了还跟单身一样，踢足球、打游戏一样不少；有人说，在怀孕期间，老公找“小三”去了；有人说，婚后才发现老公是妈宝，懒惰又懦弱，什么都得自己扛着，特别累；有人说，老公重男轻女，一定要生儿子；有人说，老公不但找“小三”，还把房子骗走了，被迫净身出户……这些已婚女人吐的苦水，基本把婚姻袍子里的虱子，全都抖出来了。

这个问题的意思是，男人的缺点太多了，等你琢磨清楚，知道他们的真面目了，你就不想和他们结婚了。那这句话劝告的目的是什么？就是为了结得成婚，你必须放弃部分东西。可是，结婚是目的吗？通过结婚，让自己变得更好，生活更幸福，才是你的目的。当你把结婚视为目的，不管老公是好吃懒做，还是有暴力倾向，闭上眼睛捂住耳朵都能接受，那你可能就真的不需要看清楚男人。可是，当你的目的是想在婚姻内得到幸福、成长和提升，那就要拿着放大镜，认真地甄别出适合的男人了，因为不是每一个男人都可以和你组建成好的团队，一起大步前进的。

从另外一方面看，当你睁大眼睛，看清楚男人的本性，提前了解他们婚后可能会有的表现，也可以帮助你做好结婚的准备。即使婚后遇到困难，你也不至于太慌乱，知道怎么解决。话又说回来，当一个女人知道结婚对自己不划算，对婚姻没有太多兴趣，不想结婚了，是正常的自我保护反应；倒是当她知道不划算，但为了让自己对婚姻有信心，就装聋扮哑，才是不正常的。

相当一部分女人没有风险意识，也不愿意做好风险防范。她们的思维很特别，认为如果婚前保护好自己的利益，就是不信任丈夫和家庭。我的一个朋友劝她身边的女性朋友，要保护自己的利益，结果被对方骂了一通：谁刚结婚就想着离婚。这就是非常典型的把风险预防等同离婚的想法。可是现实非常残酷，在明知法律对女人不利的情况下，仍然像鸵鸟那样把头埋进沙子，拒绝正视现实，相当不明智。

12. 我春节不回家或者去旅游，父母没办法逼婚，不就行了吗？

春节不回家过年，去旅游或留在工作的城市，反逼婚效果立竿见影，也是很多未婚男女青年常用的反逼婚策略。这种策略适用于父母逼得很紧的未婚人士。在春节这么重要的节日离开父母，不和他们过年，可以避免冲突和不良情绪，也是对父母逼婚的有效还击。如果你父母很强势，不愿意和你沟通，甚至想在春节期间强行包办婚姻的，果断离家出走彰显你的反抗决心。

但同时也要看到，春节不回家这种策略并不彻底。春节七天离家，暂时远离父母和亲戚催婚，是暂时逃避问题而已，不是解决问题。而且，这种策略只适用于和父母在同一个城市的人。如果你是和父母一起住，一年365天都可以见面，就算不是一起住，平时也有足够的时间和父母相聚，在春节这么重要的节日去旅游，完全没有问题，相信父母也不会有太多异议。

但对于远离家乡的人来说，这种策略相当不切实际。试想一想，你和父母见面的时间本来就很少，在同一个省份工作的，一个月可能就回家一两次；和父母不在同一个省份的，一年回家的次数只有两三次，甚至是一年一次，每年就是春节的时候回一趟家，或者接父母到自己工作的城市团聚。为了躲避逼婚而不回家过年，和父母相聚的时间变得更加少，是下下策。我相信，长期这样做会给你自己带来相当大的心理压力，你可能责怪自己不孝顺。父母越来越老了，和子女相聚的时光已经不多，通过拒绝或减少和父母见面解决逼婚的问题，很可能得不偿失。

即便是和父母一起住的未婚男女，如果你打算结婚前都不和父母一起过春节，每个春节都出去旅游也是可以的，但建议你把结婚这个心结打开。躲得了初一，躲不过十五，春节不在家，见不到父母，不用面面相觑，以后呢？以后还得天天见，怎么办？大家继续把心事揣在心里，假装它不存在吗？关于逼婚，不管什么时候开始，最后都要和父母开诚布公地谈，彻底解决。当然，如果你很喜欢旅游，想趁着春节假期外出看风景，平时已经和父母有很好的沟通，就另当别论。所以，对于广大未婚男女来说，就算春节回家会遭遇七大姑八大姨逼婚，最好还是回家过年。彻底解决逼婚的问题，就从春节回家开始。

有一种情况下的春节不回家，去旅游是很好的选择，那就是父母的观念特别顽固，怎么都说不通，还特别懂得拉拢其他人一起对你逼婚，而你的情绪管理能力还不太强，只要一说起结婚的事就急火攻心，没办法好好谈下去，那就春节先不回家，去旅游散心吧。在一次讲座中，一个将近30岁的小伙子诉说他的苦恼：他的姐姐已经生了孩子，爸爸也在享受天伦之乐，但爸爸的观念很守旧，认为姐姐的孩子不是自己家的孩子，整天逼迫他结婚生孩子传宗接代。姐姐的女儿还不会讲话呢，爸爸就借小女孩逼婚“叫你舅舅结婚”，让他哭笑不得。这个小伙子觉得自己单身的生活过得挺开心，也没有遇到喜欢的女孩，他打算先这样过下去，加上他喜欢旅游，就决定2016年的春节去旅游，不回家。这也是不错的选择，不过最终还是要面对现实，改变爸爸的观念。

13. 刚谈两个月他就叫我春节去他家，否则和我分手，怎么办？

两个人认识多久才能结婚，并没有统一的标准，这视乎你对结婚的态度。有的人兴致所致，爱到浓时，认识没几天就闪婚了，十几年了也没离婚。有的人谈十年恋爱，结婚一两年后就离了。结婚是一个大冒险，不可控的因素非常多，主流稳健的做法是，结婚前多相处一段时间，了解清楚，带给双方父母见面把关，之后再做决定。

婚姻是两个家族的事情，但是否决定结婚应该是两个人的事情。你要问问自己的内心，此时此刻想和他结婚吗？如果答案是肯定的，结了也无妨。若答案是否定的，就随心，不要受男女朋友的逼婚影响。如果对自己的决定不放心，也可以请父母给点意见，再综合全盘考虑。

男人的思维都是直线型的，树立一个目标，直奔目标，无法帮助他达到目标的人，放弃。感情对他们来说，可能只是达到结婚目标的手段。春节也是男朋友邀请女朋友回家过年的高峰期，见父母就是结婚的前奏。当你觉得火候未够，拒绝到他家过年，男朋友会解读为你不肯和他结婚，估计会马上另找他人，节省结婚的时间成本。若连这点时间也不给你，不妨就和他分手。为了迁就男朋友匆忙结婚，勉强去做没有把握的事，日后婚姻出问题，你会自责和后悔，虽然没有人能打包票，婚前了解清楚的婚姻一定不出问题。

以上从内心的感受谈了结婚的时机，有一点很重要，就是你和他去领证，心里没有不安。婚姻是改变人生的大事，内心的感受只是部分决定因素，你同时还需要理性地考虑其他方面的问题，做好以下准备：

（1）情感准备：你喜欢他，爱他，愿意和他生活在一起。随着女性经济地位的提高，结婚之于女性，已经从生存手段变为情感满足，越来越多女性把喜欢对方作为结婚的前提条件。很多不愿意将就的女人，理由多是找不到合适的，这个合适其实就是指情感上的要求没有达到。当女性经济独立之后，她们就开始关注婚姻是否有利于自己的成长，让自己变得更好，如果不满足这个需求，大多选择保持单身。

（2）经济准备：你有自己的房产，经济上安全。新婚姻法已经非常明确，婚前财产归各自所有。但在民俗中，家庭一般是为儿子买房，如果你要嫁的男人已经在婚前买了房，而你自己没有，这其实和租房没什么两样，房东不想续约了，你就必须搬走。不同的是，你和老公一起住，要为家庭花掉自己赚的钱，下班后要做家务和带孩子。哪天要离婚，你就等于净身出户。普通的租房，房东平时不能骚扰你，房子出问题还得负责修理，除了缴纳房租，你的工资就是你自己的。

（3）时间准备：如果你才25岁，还没有玩够，完全不想收心养性过家庭生活，那你就应该等自己想安定下来再结；就算你已经30岁，相对也成熟稳重，但还有一个心愿没有完成，需要花两三年做完它才安心，那你就应该在33岁再考虑。结婚是重要的事情，却不是唯一重要的，发展兴趣爱好、完成未了心愿、拼事业、到国外游学等，都能够大大丰富我们的人生，也很重要。等你做完这些事情，再把结婚的事提上议事日程，会更圆满。

（4）心理准备：不管你承认与否，结婚对女人来说更多的是责任。男人婚后可以还像单身一样，但女人不行，要上班、要负责家务、要带孩子。届时，你休息娱乐的时间会减少，日渐疏于联系朋友，对自己花钱也不再像单身那样爽快。所以你要问问自己，是否做好心理准备，迎接婚姻带来的巨大变化？

（5）离婚准备：做好离婚的准备，不等于说结婚就想离婚，只是风险预防。只要离婚没有被废除，女人都要时刻做好离婚的准备。离婚率上升，是社会进步的标志之一，也是人的自由度提升的指标之一。离婚从诞生之日起就是妇女的救星，女人可以通过离婚，摆脱不幸福的婚姻。离婚的原因，可能是感情变淡，也可能是丈夫出轨，或者你出轨。情感是多变的，炽热的爱情终究会被柴米油盐消磨成习惯，所以你要从精神上和经济上都做好准备，精神上的准备就是不要害怕离婚，女人一个人也能过得很好，以及要知晓“只要父母的爱不减少，离婚不会对孩子造成伤害”。经济上的准备就是，离婚后有房子住，有工作可以养活自己和孩子。

这样说下来，想得到幸福的婚姻生活，不是那么容易的。同时满足以上条件很难，那你最好先问问自己，哪些是可以放弃的，万一真的发生婚变，你准备如何处理？

14．我妈说自己挑也会离婚，不如她帮我选，她经验多，怎么办？

妈妈的阅历的确比你丰富，加上他们作为父母的权威和身份，两三下就把你震住了。如果你顺着她的逻辑，她说的可能都是对的，你很难反驳，所以要跳出她的思路。

你妈不对的地方在于，她干涉了你的人生，剥夺了你成长的机会。每个人都有权选择自己的人生，要对自己的选择负责。一个人从小到大，要做很多决定，通过不断地做决定，往大里也可以说是人生抉择，训练自己的选择能力，反应决策机制，逐渐成长为具有独立判断的人。你妈现在帮你选老公，相信以后还会帮你决定是不是要离婚、什么时候生孩子、要不要跳槽这些大事，因为她觉得自己比你强，帮你找个老公嫁了，以后就顺顺利利了，她就放心了。

父母总是以“为你好”“比你会看人”干涉子女的选择，这个问题可以两方面看。一方面，他们一把年纪了，吃的盐比你吃的饭多，社会经验比你多，阅历比你丰富，看人的眼光的确会更独到，考虑问题尤其是婚姻家庭问题更加现实，他们的经验都是值得借鉴的。很多女孩谈男朋友、决定结婚，把对象带回家让父母把关，也是很重要的筛选办法。这些父母，好心也办了好事。

但是，有些父母会好心办坏事，有些则坏心办坏事。迷信的父母，拿着两人的生辰八字去算，发现八字不合，就会棒打鸳鸯，这是迷信。有些父母，觉得女儿年纪太大，再不大甩卖就嫁不出去了，要亏本了，明知对方没什么可取之处，硬是说老实靠谱，连缺点也睁只眼闭只眼，把你推下火坑，先嫁了再说，也比积压在仓库强。对这样的父母，一定要反抗，不要听他们的话，按照你自己的想法去做，你的幸福永远是第一位的。如果他们对你施加家庭暴力，就坚决报警；嫌他们烦，就搬出去住，离他们远点，也不要给他们打电话，先把他们的气焰灭了再说。

另外一方面，父母的阅历再丰富，也有跟不上时代的一天。在农业社会，社会很稳定，年轻人从父母那里学到耕作的知识和经验，就可以开始自己的生活，百分百听父母的话肯定不会错。但那样的社会已经一去不复返，现在这个社会，变化应接不暇，知识更新周期很短，一切都是待定的，这种环境下的个人生活，早已不是老一辈的循规蹈矩，而是有更多可能性。相比之下，父母的观念趋于落后保守，所以你也要判断，他们哪些观念、经验是有益于你的，哪些又是不适合的，甚至会阻碍你的发展和成长。你究竟是要过父母那种按部就班的生活，还是想自己走一条新路出来。对父母的意见不加分析，盲目顺从父母，结果只能是在新时代过旧式生活，白白浪费时代赋予我们的好年华。

不管听不听父母的意见，都应该牢牢把握最后的决定权，因为这是你的人生。

反逼婚之实践篇

最新研究：满意度低的婚姻有损中国女性健康

一直以来，大量研究表明婚姻可以为个人带来很多健康上的好处，不管是身体还是精神上，已婚人士的状况均好于单身者。一些侧重性别差异的研究则表明，婚姻更有利于男性保持健康，而一些研究则表明婚姻带来的健康好处对男女均等。

对已婚人群的研究发现，婚姻满意度对已婚者的个人健康状态非常重要。具体到男女的差异，有研究发现婚姻满意度对已婚女性健康状况的影响比男性更大。也有研究称，婚姻满意度和个人健康状况没有关联。

需要注意的是，以上研究结论均着眼于西方社会的婚姻。众所周知，东亚和西方有着截然不同的社会文化和经济特点，最明显的一点是东亚的性别歧视严重。

那么，东亚国家的婚姻真的如西方社会一样，能为婚姻中双方都带来健康收益吗？2015年7月31日两位韩国作者就此问题发表了论文。该论文称，东亚国家的情况和西方有很大区别，婚姻不一定能给双方带来健康上的好处，男性和女性均可能因结婚承受健康受损的不利后果。

论文的两位作者，一位是韩国首尔Yonsei University（延世）公共健康学院的Woojin Chung，一位是韩国首尔全国控烟中心的Roeul Kim，研究的数据来源是2006年东亚社会调查。该调查在中国大陆、日本、中国台湾和韩国随机抽样访问了8525人。作者把样本分为5个组别：1. 已婚并满意；2. 已婚、中性；3. 已婚但不满意；4. 离异；5. 从来未结过婚。

对比发现，在中国大陆、日本、中国台湾和韩国，婚姻和婚姻满意度并不必然有利于个人健康状况。

首先，根据性别和婚姻满意度的不同，婚姻可能会有益于个人健康，也可能会有损个人健康，两者的联系在不同的国家发生不同变化。例如，损害个人健康的婚姻存在于日本的已婚男性中、韩国已婚并对婚姻不满的男性以及对已婚但对婚姻不满的中国女性。

其次，健康风险最高的人群是已婚和对婚姻不满意的个体，并不是大众一向认为的从未结婚的人群或者离异人群。这种可能性在不同的国家地区和性别中有所变化：在男性中，健康风险最高的是日本、中国台湾和韩国的已婚和对婚姻不满的群体，而在中国大陆则是从未结婚的男性。在女性中，健康风险最高的是中国大陆和中国台湾已婚和对婚姻不满的群体、日本的离异女性以及韩国从未结婚的群体。

第三，在健康得益于婚姻的组别中，女性比男性得到的健康好处更多，例如在日本、中国台湾和韩国，中国已婚女性并不在其列。

最后，已婚个体的健康并不只是和婚姻满意度有关，例如中国大陆男性、中国台湾男性和韩国男性，以及中国台湾女性和韩国女性。

从以上结果可以看出，两位作者的研究结果和西方研究有一个很大的区别，就是存在这样一个群体，他们的健康状况因为结婚而受损。这个群体因国家（或地区）和性别而异，分别是日本已婚男性、韩国和中国台湾已婚并对婚姻不满的男性以及中国大陆、日本和韩国已婚但对婚姻不满的女性。这种情况说明，虽然婚姻对个人健康状况有保护的效果，但是婚姻对健康的好处会被不如意的婚姻带来的损害超越，从而导致有损健康。

为什么会出现这种状况？两位作者给出了六个原因。

第一，女性和男性的家庭角色不一样。已婚女性的角色比男性需要满足更多要求，压力更大。婚姻被认为提供抚慰情绪的好处，如减少压力，但不幸福的婚姻却会增加人的压力。女性比男性更注重情感和情绪，已婚女性比已婚男性对情绪变化更敏感，可能因此导致对婚姻不满的已婚女性健康状况更糟糕。

第二，妻子承担了面对婚姻冲突和解决婚姻问题的任务，丈夫则通过抽身回缩缓冲冲突所造成的影响。在东亚，丈夫会视家庭冲突为琐碎事务，并留给妻子解决。这种行为习惯保护了已婚男性，但却给妻子的健康和情绪增加了莫大的负担。

第三，公婆对婚姻的介入在不同国家，程度不一样。由于东亚国家仍然重男轻女，女性婚后需要负责照顾夫家的家庭成员，婆媳关系不和是损害已婚女性健康的重要隐患，例如产后抑郁症，尤其是不育、只生育了女儿或者和婆婆对家庭事务意见不一致的已婚女性。

第四，社会性别角色强迫男性牺牲个人时间和健康，为妻子和孩子拼命工作，同时期待女性放弃职业生涯，照顾丈夫和孩子。例如韩国或日本的妻子会推动丈夫努力工作，从而导致已婚男性对婚姻不满，这会严重损害他们的身体和精神健康。这或许能解释为什么在韩国和日本，对婚姻不满男性的健康因为结婚遭到损害。

第五，离婚自由。东亚大部分人害怕离婚，因为社会规范认为离婚的男性是失败者，而离婚的女性则失去了经济来源。一份包含22个国家的社会调查显示，日本对离婚的接受率是最低的。因此，尽管东亚的已婚人士对婚姻不满，甚至是明知婚姻对健康状况不利，他们情愿忍耐也不离婚。这种“婚姻陷阱”可能会损害对婚姻不满的已婚人士的健康。

第六，满意的婚姻和伴侣之间畅顺的沟通有助于各自形成健康的习惯，例如有病及时医治，并减少有损健康的行为，如抽烟、酗酒、吸毒等。相对之下，不幸福的婚姻会导致已婚个体做出存在健康风险的行为，因为女性和孩子的联系更密切，她们会考虑对孩子的负面影响，从而自我克制，男性比女性更容易做出不健康的行为，所以对婚姻不满的男性的健康状况比对婚姻不满的女性更差。

综上所述，仅仅领取一张结婚证并不能保证男女双方的健康受益，基于西方婚姻状况研究而得出的“结婚对男女都有好处”的结论并不适用于亚洲社会，也不适用于中国社会。健康状况是否受益取决于多种因素，中国已婚女性若是对婚姻不满意可能会损害健康，没有结婚并不意味着面临健康风险。有益于健康的婚姻只限于质量高的部分，诚如未婚女人们慢慢达成的共识那样“宁愿剩着也不将就结婚”，才是利我选择。[1]

反逼婚必备问题和回答演示

1. 怎么这个年纪还不结婚啊？（认真说理型）

（1）在大城市生活不容易，人才特别多，竞争非常激烈，工作又

[1] Chung W, Kim R (2015) Are Married Men Healthier than Single Women? A Gender Comparison of the Health Effects of Marriage and Marital Satisfaction in East Asia. PLoS ONE 10 (7): e0134260. doi:10.1371/journal.pone.0134260.

特别忙，每天上下班节奏非常快，圈子太窄了，能接触的人太少，一直没找到合适的。

（2）城市房价太高了，以后结婚了要住，小孩要上学，都需要钱，得做好准备。我先多干几年，多赚点钱，以后才能过上好日子。

（3）现在大城市离婚率很高，结婚这事不能急。万一没了解清楚，结婚两三年还得忙离婚，不想遭那个罪。还是慢慢找吧，先把人品性格了解清楚，合适就再结，磨刀不误砍柴工嘛。

2. 俗话说成家立业，还是得先成家后立业啊！（说服型）

这俗话都是几千年前的，现在时代不一样了，复杂得很。不是你说结就能结，结了也不一定能过好日子。以前连电灯都没有呢，现在停电一天都受不了。生活已经翻天覆地、日新月异了，不要老拿以前的话来要求自己，找堵呢？

3. 还不结婚，是不是都变态了？（自黑型）

嗯，自从得了“精神病”，精神多了。我还真想变态呢，啥事不用想，到处白吃白喝白拿，别人也拿你没办法。

4. 还不结婚，是不是同性恋啊？（严肃教育型）

你歧视同性恋啊？这可要不得，都21世纪了，咱们得做文明人，尊重不同的性取向。话说回来，我真不是同性恋，只是机缘巧合，没找到合适的人而已。

5. 是不是太挑剔了？（转移话题型）

我是挺挑剔的，不喜欢绝对不结，打老婆的绝对不结，好吃懒做的绝对不结，对我不好的绝对不结……反正，不好的就是不跟他结。你手上有好男人吗，给我介绍几个呗。

6. 遇到合适的人，要主动点啊。（反抽型）

这当然，不入虎穴焉得虎子。对了，你是怎么和你老公（老婆）认识的，谁主动的，怎么追的，说来听听嘛。

7. 要求这么高，活该你一辈子单身。（针锋相对型）

你过得很好是吧？做家务带孩子很累吧，你的手都成主妇手了吧？公婆对你好吗，没有成天吵架吧？老公对你好吗，没被他家暴吧？

8. 做家务带孩子是女人的命，怎么能不做呢？（痛骂型）

以前女人裹小脚，大门不出二门不迈，你怎么不老实在家待着，还到处旅游看电影唱K？以前女人一生就十个八个孩子，你怎么只生一个啊？以前女人读不上书，你怎么就上学，还上了大学呢？以前女人都要和公婆一起住伺候公婆，你怎么就不和你公婆一起住啊？以前女人四五十岁就死了，你是不是也打算早点挂啊？

9. 这么大年纪都没结婚，不孤独吗？（认真回答型）

有那么几天是孤独的。大部分时间是不孤独的，看美剧、玩游戏、看电影、唱卡拉OK、旅游、打羽毛球，我觉得过得挺爽。现在大城市生活节奏快，工作经常加班，一个人的时候刚好可以休息，还要充充电，竞争这么激烈，哪能不继续学习，被时代抛弃的。

10. 年纪大了生孩子怎么办？（破坏想象型）

现在的女人，50多岁都还能生，怕啥，就怕你钱不够，孩子上不了好学校，以后不成才。还有，现在的孩子很多都要啃老的，供他读书还得帮他买房子，以后老了说不定还抢我的房子。养孩子是亏本的生意，如果要养孩子，千万不能指望他以后回报你，不现实。

11. 老了生病没人照顾怎么办？（激烈应对型）

你看没看新闻，在农村，儿子还催着爸爸自杀，他好办丧事。就算没这么极端，很多老人不和孩子在同一个地方住，发生啥事也指望不上的。女人寿命长，我多认识些女性朋友，大家都长寿，更靠谱。大不了，我60岁开始随身带一瓶农药，万一瘫痪了，我喝农药死了算了。

12. 两个人就像一双筷子，两支一起用才好用，一支筷子怎么夹菜？（四两拨千金型）

其实我是一只勺子。

13. 结婚很好啊，有人暖床。（死磕型）

暖床有电热毯啊，几百块就有了。挑人至少花一两年，慢死了，电热毯今天下单，明天送到。

14. 都三十了，要抓住他，这是末班车。（逗乐型）

我不坐车，我打飞的。

反逼婚实践展示

国庆长假反逼婚二三事

2014年的国庆节，我回家待了两天，遭遇了三场逼婚，鬼使神差地进行了一场反逼婚大作战。下面是我事后写的日记，整个过程我针对具体的对象和环境，使用了不同的技巧（内文我会额外注明），供大家借鉴。

场景一：78岁的伯母：哪能这样？

10月1—2日是我家的家庭日，下午4点多我就到家了，但我妈妈不在家。我没有家里钥匙，只能等她回来开门。等的时候，我决定去一个伯母家看看妈妈是不是在她家串门。我的伯母今年78岁，人很精神，只是腿脚不太好，大部分时间都待在家里，我妈平时有空就找她聊天。那天我妈不在那里。我坐在门外的一张石凳上，和她聊起来。

“萍，你结婚吧，女人怎么样都要有个家。”她劝我。

“我很忙，没空结婚。”我以前很少和她聊天，从来没有和她聊过结婚这件事，怕她受不住我不打算结婚的打击，所以没有直说。（以忙为借口，反逼婚第一步）

“有什么事情比结婚更重要呢？”她又说。

“我要赚钱啊。”我说。

“可以结了婚再赚啊。”她继续劝。

“我喜欢先赚钱再说。”我总是有办法继续。（到这里，伯母的第一步逼婚失效，下面使出了养儿防老的招数）

“你说万一老了生病可怎么办？还是要有孩子。”伯母儿孙满堂，最近胃穿孔，儿孙送她去医院治疗，花了6万多元，平时她有病痛，儿孙都会及时送她就医，算是享受到了养儿防老的好处。（养儿防老防生病，是逼婚最常见的招数，因为绝大部分人必须依靠家庭养老，从另外一个角度来看，这种逼婚也是关心。我的伯母享受到了养儿防老的好处，要反驳她这个问题有点难度）

“如果老了生大病，我就死了算了。”我说。（反逼婚第二步，考虑到我伯母是养儿防老的受益者，很难从其他角度说服她，我抛出这句狠话。这句话的狠在于，你并不畏惧生病和死亡，有违常理，打破了我伯母对养老和死亡的想象。对一般的逼婚者也奏效。面对很难说得通的逼婚者，可以把这一招作为撒手锏）

“不是这样的。”她有点急了。（她已经拿我没办法了）

这个时候，一个小学同学的大嫂经过，加入了聊天，伯母对我的逼婚被打断。（这是转移话题或注意力的办法，如果你没办法进行下去，可以暂时转移话题，暂且让自己休息）

场景二：我妈妈：男人永远那么自私

已经忘记那天吃晚饭时，我妈妈是怎么提起结婚这个话题的。

“结婚有什么好处，累死了，我一个人过很爽。”我暂且先从记得的情景说起。（反逼婚招数，把结婚的坏处和单身的好处比较，强调自己更喜欢单身，是你的自主选择。出于关心子女而逼婚的父母，绝对有能力理解你）

“那个和你比较要好的女孩有去相亲吗？”她问。

“没有，她说看到那些结了婚的人过得不好，觉得结婚没意思。我不知道她是不是打算不结婚，但她不怎么积极，就自己一个人过。”这是实话，我对自己的要求是不撒谎。（父母最容易把别人家的孩子和自己的对比。刚好，和我一起住的女孩也认为一个人过很好。这个例子能够增加我反逼婚的力度）

“看到哪些人过得不好？”她进一步追问。

“过年前，她一个亲戚（38岁）嫁给了一个50多岁的男人，摆酒时披金戴银，父母都觉得很有面子。过年后，这个女人被老公家暴了。

而且一结婚就要伺候婆婆，她婆婆80多岁了，腿脚不方便。现在生了个女儿，老公重男轻女，不满意，估计是要继续生儿子的，也离不了婚，经济不独立。”这的确是真事。（虽然这个例子说的是我朋友不想结婚的原因，但其实就是列举反例，让逼婚的妈妈看到婚姻不一定对女人有好处）

“还打老婆啊？”她有些惊讶。（我妈妈对家暴很警惕，强调家暴是反逼婚非常有效的手段，女人更容易理解女人）

“会家暴的男人是看不出来的。而且男人好自私，他不想干活，就娶个老婆回来。我有个朋友，比我大一岁，别人给她介绍一个五十出头的干部。那男人说，父母老了不能做饭，他的压力很大，要娶老婆了。父母不能做饭，他不打算自己做给父母吃，而是娶个老婆回来做饭给他全家吃。再说，50岁的男人马上就老了，嫁给他就要伺候他了，凭什么？”这个例子也是真的，来自一个朋友的经历。（第一句话，我强调了家暴的不可预测性。接着进入了新的阶段，就是再列举我朋友相亲遇到的例子，表明男人结婚的动机可能是找免费保姆。在中国的婚姻中，女人既要工作，也要做家务、带孩子、孝敬公婆，是很辛苦的。已婚女人对此深有感受，从这个角度入手，很容易引起她们的共鸣，从而说服她们）

“男人永远都那么自私，100岁都想娶老婆回来伺候自己。”我妈愤怒地说。（我妈妈在婚内也是这样的，她觉得很不公平，所以就愤怒了，就不再提结婚的事了）

然后，就没有然后了。

场景三：中年女邻居：我支持你不结婚

晚饭毕，隔壁屋的女邻居来串门聊天。她是常客，我每次回家肯定能遇到她来串门。我们两家人是亲戚，门对着门，关系很密切。家里办生日会或想让大家开心一下，我都会买蛋糕回去，总会叫上她的小儿子或者她来吃蛋糕。

“拍拖挺好的，一起去玩一起吃饭。”她说。

“我觉得挺占用时间的，我还不一定愿意去呢。”我当时的确是这样想的。（表达自己的真实想法）

“你可真奇怪啊，和其他女孩子很不一样。”我应该是第一次在她面前表达我的恋爱观。

“我有很多其他事情做，和男人拍拖好花时间，对我来说，拍拖不算是重要的事情。”这的确是真的。

“原来你是这样想的，我才知道。嗯，我能够理解你为什么不想结婚了。”她说。我很感动，遇到一个一说就通的人，沟通就不太费力气。（在逼婚的人中，有一部分是思想开明、思维开放的，只要和他们进行沟通，表达你的真实想法，就能得到他们的理解和支持）

“是啊，连拍拖都觉得烦，结婚就更麻烦啦。”我继续说。

“是啊，我支持你不结婚。”她说。

难以置信，我获得了来自一个农村中年妇女的支持。在很多人眼里，农村妇女是粗俗、胡搅蛮缠的代名词，她却颠覆了这种刻板印象。

“你这么喜欢自由，还是不要结了，就算结了可能都会离婚，我怀疑。”我再次很感动，她是真的从我的角度为我考虑问题。（站在他人的角度想问题，更能够理解他人的处境）

“可能是的。”我说。

“那就不要结了，不要伤害别人。”好吧，虽然我不认为离婚是伤害他人，但她在为其他人着想，让我再次感动。（我表达了自己的观点之后，就得到她的接受并尊重，这样的时候真的很少。更多的时候是，表达——对方攻击——我反击——对方不得不接受，而且往往要来回好多个回合。而我的这个女邻居，竟然做到了表达——接受）

路遇婆婆找高学历媳妇（内含对陌生人的反逼婚演示）

某天，被一个中年妇女拉住问：“你多大了？我想给我儿子找媳妇。比我儿子年纪大也无所谓，我们可以接受5岁以内的。”

我一听，哟，主动出击，还不嫌年纪大，罕见。

“你和你儿子为什么接受年纪大的呀？”我问。

“他说无所谓，现在也很流行姐弟恋啦。”她回答。

“那你呢，也接受吗？”我继续追问，这是了解婆婆想法的好机会。

“我也觉得无所谓。我是觉得你单位里面的女人素质都很高，就怕你看不上我儿子啊。”她说。

“啊，原来你看中的是这个啊。”我说。

“是啊，媳妇素质高、学历高，要求也高，可以改善下一代基因啊，孩子智力都跟妈那边的。”她说。

“儿子是全跟妈，女儿爸妈各一半。”我说。

“我老公重点大学毕业的，我都五十多了，你想想，他那个时候多厉害，他的同学现在都是厅级干部，都娶了水平差不多的女的，人家要求高，丈夫就很有动力。我老公娶了我，什么都随便就行了，没要求，结果我儿子就变成这样了。我老公都让我不要告诉别人，他是重点大学毕业的。”她说。（这是她要表达的意思，但我认为她把老公不上进的责任揽在了自己身上，是“红颜祸水”的思维，男人不上进，找女人背黑锅）

“我今年37岁了。”我告诉她。

“啊，那就大10岁了，我儿子28岁。”她有点失望。

然后，她告诉我，她住的小区有一个男人，42岁左右，在银行当高管，在很好的地段有两套房子，男人的妈妈对未来媳妇有很严格的年龄要求，只能32岁左右。

“有房子不是优势，有房子就不跟他结婚。”我说。

“怎么不跟啊，这样你多好。”她说。

“房子不是我的，离婚了我得卷铺盖走人。我干家务带孩子，累死累活，亏大了。”（告诉对方结婚对女人不利，房产证上不写自己的名字，不安全。反逼婚必须熟读新婚姻法）

“那你可以先买一套房子，你的是你的，他的是他的。”她说。

“如果我有房子，我干吗还跟他结婚？结婚之后，我要干家务，是吃亏的。”我尝试对她进行教育。（我要强调，结婚对我没有好处）

“不能想那么多。”她告诉我，她最喜欢做的事情就是把老公和儿子伺候得漂漂亮亮。她老公今年50多岁，看起来特别年轻，她自己从来都不注重打扮。别人也曾经劝过她，小心老公被别的女人抢走，但她从来都不担心。（她认为，女人不需要考虑自己的利益，只要能结婚就够好了。对于这种招数，一定要予以反击，告诉她一定要保护自己的利益。说这样的话的女人，完全没有自我保护意识）

“不想那么多，到时候发生什么事再想就来不及了。”我继续说。（这是表达我的风险意识，很多已婚女人都会同意女人要保护自己的）

她迅速走开，好像有点不高兴。（逼婚停止了，对婚姻的幻想仍不破灭的人，如果你直接指出婚姻对女人的不利之处，他们会受不了，会不高兴，就不和你说话了。如果她不死心，就继续加大剂量，搬出家暴和婚内强奸。对这类人的反逼婚胜利，不在于马上改变他们的观念，告诉他们婚姻的弊端即可，不高兴的走开、终止对话也是反逼婚胜利）

反面案例

子女问题导致离婚

北京女子陪儿子赴海南躲雾霾　与丈夫分居被诉离婚

男子王某中年得子，不料儿子对北京的雾霾天气严重过敏。为了儿子的健康，王某的妻子将孩子带到海南生活。但长期两地分居却使夫妻二人的感情发生了危机。王某将妻子诉至法院要求离婚。

王某2008年经人介绍与小自己10岁的妻子李某结婚了。2010年，44岁的王某喜得贵子，儿子的出生使原本幸福的家庭更加美满。但好景不长，几个月后，孩子身体不适，医院检查发现孩子的呼吸系统对空气污染严重敏感，中重度的雾霾天气将影响他的生长和发育。

为了孩子的健康成长，王某将儿子送到海南生活，妻子李某陪同照顾。由于长期分居两地，加之母子二人在海南人生地不熟，李某厌烦了这种生活，夫妻二人经常争吵。今年春节，李某带着儿子回北京过年，但一场雾霾让儿子旧病复发。丈夫王某认为妻子该带孩子回海南养病，但妻子认为自己一旦离去，婚姻就会因为距离而走向终点。夫妻双方争执不下，屡次争吵甚至大打出手。

最终，王某向法院起诉离婚，他说："雾霾'埋葬'了儿子的健康，也'埋葬'了自己的婚姻。"房山法院城关法庭已受理此案。

（2014年5月1日海南网）

点评：妻子李某应该是32岁结婚的，丈夫王某则是42岁才结婚。李某带着孩子到人生地不熟的海南生活，在这个过程中，丈夫王某把抚育儿子的责任全部推给妻子。李某也意识到，长期两地分居会影响婚姻关系。但王某坚持让她带儿子去海南，结果多次发生争吵，还发生家庭暴力。虽然新闻用夫妻大打出手，但男人的力量比女人大，其实就是丈夫打妻子，是实施家庭暴力。这就给大龄女性提了个醒，嫁给年长10岁的男人，孩子出生后就要承担抚育孩子的责任，不得不放弃工作、人际关系和熟悉的社会环境，成本相当大。按照现行婚姻法的规定，李某作为妻子的这些付出，离婚时是完全没有补偿的。离婚后，孩子也会是烫手山芋，要了孩子就要去海南生活，很难办。从妻子李某的角度来看，这桩婚姻只有吃亏，没有好处。

家庭暴力

新婚妻子遭家暴被殴打致死　曾8次报警不管用

26岁的北京女子董珊珊因遭受丈夫王光宇的家庭暴力被殴打致死。2010年11月，北京市第二中级法院终审维持原判，以虐待罪判处王光宇有期徒刑6年半。

此案中尤为引人关注的是，女子董珊珊在遭受家庭暴力的四个多月时间里，曾8次报警，她本人也曾向法院申请离婚，也未能逃过一死。

据了解，王光宇与董珊珊于2008年下半年结婚。王光宇是一家贸易公司经理，比董珊珊大一岁。新婚后，董珊珊开始遭受家庭暴力。每次王光宇打完妻子，又会央求妻子给他改正的机会。然后威胁董珊珊不许报警，不许告诉家人同事，不许离婚，否则董珊珊的家人同事都不会好过。

2009年3月，在一次离家出走后，董珊珊第一次向家人和警察披露她经常遭受丈夫殴打。4月，董珊珊到法院起诉离婚。

几天后，董珊珊在住家楼下被几个人拖上车带走，董母认出其中一辆车正是女婿开的宝马车。一个多月后，董珊珊回到娘家，王光宇又驱车来到董家楼下喊叫。董珊珊只得离开亲人独自在外租房躲藏，最终却还是被王光宇找到并带走。在劫持妻子的一个多月间，王光宇多次实施殴打。

体重95公斤的王光宇到案后供述说，妻子非常瘦小，一巴掌就能把她打得起不来，殴打的手段基本上是拳打脚踢，在对妻子最后也是最重的一次殴打中，他“用拳头打她，用脚踢她，从卧室门口一直踢到床上，哪都打、哪都踢，直到她倒在床上为止，也不知道踢了她多少脚”。这次殴打发生在2009年8月5日，董珊珊于8月11日逃出，8月14日住院治疗，两个月后去世，尸检认定死亡原因为“被他人打伤后继发感染，致多脏器功能衰竭死亡”。

2010年7月，朝阳法院一审以虐待罪判处王光宇有期徒刑6年半（虐待罪最高刑期为7年）。董珊珊的母亲不服一审判决结果，认为除了虐待罪，王光宇同时犯有更为严重的故意伤害罪，应数罪并罚。2010年9月，二审法院维持了原判。

从董珊珊第一次向家人吐露遭遇到她死亡，短短几个月中，她及家人曾先后8次报警。各派出所也都有反应，但给出的答复却是："你姑爷连个固定住所都没有，没有办法。""就算离婚，现在还是夫妻，不好管。"王光宇将董珊珊劫持到外地一个多月，董母报警未果，因为警方认为董珊珊电话里说的话，没法证明她是被劫持。

最终，董珊珊的母亲得出了这样的结论：报警也没有用。据她讲，董珊珊住院前最后一次去派出所时，"警察看了我女儿的伤说，要是轻伤我们会马上把你丈夫叫过来调解一下。可如果是重伤，这可要判刑的，三到十年不等。珊珊听了就犹豫了，叫我出去一下。警察看见珊珊的反应就说，如果拿不定主意，先看病后报案也行"。

直到董珊珊在医院病危，王光宇才被刑拘，这是他第一次因家暴面对警察。当民警来医院要给董珊珊做笔录时，她嘴里插满了管子，生命垂危，已不能做笔录了。

董珊珊的母亲称，数次关于女儿遭遇家暴的报警中，她得到的回复大致都是不好管，以致董母在一次报警中哭诉："次次报警，你们次次都说是合法夫妻，可是他们不是一般的夫妻，我闺女会被王光宇打死的，是不是早晚有一天我闺女被打死了你们才会管？"

在我国，家庭暴力发生率超过30%。基层法院受理的离婚案件涉及家庭暴力的超过40%。家庭暴力不仅引发严重伤害案件，还是女性以暴制暴的主要原因。董珊珊的遭遇告诉人们，相比于事后惩罚，家庭暴力受害人更需要事前保护。然而，我国现行法律在有效预防和制止家庭暴力方面严重滞后。

（2010年11月23日新浪网）

点评：我要再重复一组数据以强调家庭暴力的普遍性：根据全国妇联公布的数据，24.7%的家庭曾经发生家庭暴力，其中90%的受害者是女性。在家暴问题上，董珊珊这个案例非常典型，报警8次警察都没有能够阻止悲剧的发生。而更令人心寒的是，打死妻子的王光宇仅被判了有期徒刑6年。结婚证基本就等于杀人免死金牌。我国家庭内部的犯罪，刑罚相对家庭外部的犯罪要轻得多。这样的情况下，婚前尽最大的可能排查具有暴力倾向的男人，成了女人最重要的家暴防范手段，可惜的是经常会有漏网之鱼。再者，有的女人害怕结不了婚，睁只眼闭只眼将就结了。

婚内强奸

丈夫婚内强奸导致妻子去世

林娟家境很好，在一家公司做会计，丈夫王强是一名外来务工的保安，两人因偶然的机会相识相知。

一天深夜，熟睡中的林娟突然感觉喘不过气，一番挣扎下她惊醒了。她发现有一个人正在自己身上动手动脚，她想奋力推开自己身上的人，但她的胳膊根本不听使唤，她想惊呼救命，但嘴巴被那人紧紧捂住，喊也喊不出来。然后，她又昏昏睡去。

第二天一早，林娟发现了脸上的手指划痕，一番试探，发现晚上的

“神秘人”竟然是丈夫王强，而且这样的事情还不止发生了一次。王强看到妻子满脸怒气，吓得下跪求饶。原来，婚后林娟被查出患有子宫内膜异位症，一旦过夫妻生活则会腹痛难忍。为了林娟的身体，王强曾表示会克制自己。

谁知一个月后，林娟因恶心头晕去医院就医，医生告诉她，这很可能是因为长期服用安眠药引起的，但她从不曾吃过安眠药。突然她想到了晚上自己身体不听使唤的经历，追问之下发现是王强为了和她过夫妻生活才想出来的法子。愤怒的林娟找到表姐林晓燕诉说了自己的遭遇，但表姐察觉到林娟对王强仍然存有感情，便劝说安慰林娟理解丈夫的难处，两人暂时和好。但不久，林娟却突然死于呼吸抑制。医生说，这是由于其长期服用安眠药所致。

林晓燕将林娟死亡的真相告诉了林娟的父母。两位老人认为是女婿害死了女儿，立即报警。警方接到报案之后，立即针对此案展开侦查，认为王强已经构成强奸罪。法庭上，公诉人认为，对于婚内强奸，如果没有造成什么后果，没有恶劣的手段，一般不予以追究。但本案不同，由于被告人长期偷偷给被害人服用安眠药的行为，造成了被害人的死亡，王强的行为已经构成强奸致人死亡罪。

最后，法院采纳了公诉人的意见，但考虑到被告人平时对被害人尽了较多的夫妻扶助照顾义务，可从轻判决，故根据刑法第236条的规定，判决王强有期徒刑5年。法庭上，王强答应等自己出狱后会继续照顾林娟的父母，以此赎罪，两位老人也最终原谅了王强。

（2014年8月15日《新民晚报》）

点评：新闻写得很清楚，“公诉人认为，对于婚内强奸，如果没有造成什么后果，没有恶劣的手段，一般不予以追究”，这就是本书前面所说的，婚内强奸无罪。也就是说，结婚之后，女人对丈夫是失去性自主权的。很滑稽，一个女人被陌生人强奸，就是强奸罪，要判刑坐牢，但如果被她的老公强奸，却不是刑事犯罪。强奸如果发生在离婚期间，也属于犯罪。在一些判决中，法院认为丈夫强奸不属于犯罪的理由是，结婚之后妻子有义务满足丈夫的性需求，言下之意是女人履行婚姻义务优于个人的性自主权。对婚内强奸的问题，真的没什么好说的了。

急于结婚被骗

姐弟在婚恋网站行骗80多万

弟弟扮“清纯美女”网上交友，姐姐视频聊天、打电话谈情说爱，这姐弟俩合谋通过婚恋网站平台，以恋爱为名诈骗了10多名男子钱财。日前，增城警方破获了该系列案，抓获了3名嫌疑人。

年近三十的小翟是一大型国企的员工，收入稳定，渴望爱情的他在某知名婚恋网站上注册了会员。2013年7月的一天，他在网站上找到一名叫小雯的四川女孩，对方上传了很多照片，看上去清纯可人。小翟就尝试与小雯打招呼，没想到对方很热情，没多久就互相交换了QQ号。两个年轻人在网上谈情说爱，感情迅速升温，不久就交换了手机号码，有时还视频聊天，虽未曾谋面，小翟已经把小雯当成了自己的女朋友。小雯还与小翟约定，今年春节过来与他见面。所以，当小雯以母亲住院做手术、卖房产需要手续费等理由借钱时，小翟都毫不推辞。但就在春节前夕，小翟发现小雯的手机一直关机，QQ也联系不上。他越想越不对劲，到银行一查，发现竟已借给了小雯9.5万元，无奈下他报了案。

“我们虽然没有见过面，但天天QQ聊天，有时也打打电话、视频聊天之类。她很温柔，也很孝顺，给人感觉很真诚……”小翟很不愿意相信，这个清纯、孝顺的小雯，竟然是个大骗子。然而，警方调查后发现，跟小翟有同样经历被骗的男士有10多名。

增城市公安局便衣侦查大队通过核查，在东莞市长安镇连续多天守候。一番追踪，2月27日，民警在长安镇一出租屋抓获嫌疑人吕×柳、吕×鑫两姐弟，并顺藤摸瓜，得知该团伙还有另一名嫌疑人刘×潜逃在广西玉林一带。在近日，民警在玉林将嫌疑人刘×抓获归案。据侦办案件的民警介绍，这个在征婚网站上施骗的团伙，短短半年内就诈骗10多名单身男子，涉案金额高达80多万元。目前，三名犯罪嫌疑人已被刑事拘留。

原来，所谓的小雯只是他们假扮身份中的一个。弟弟吕×鑫在网上购买了一批假身份证，到交友网站上传一些网上的美女图片，引单身男子“上钩”。他通过QQ与这些男子聊天。一旦感情升温，对方提出电话或者视频聊天时，就由吕×鑫的姐姐吕×柳出马，与单身男子谈情说爱。“他们很聪明，先介绍说自己来自单亲家庭，一直与母亲相依为命，最近母亲身体不好，还辞工回老家开网店照顾母亲，营造出一个孝顺善良的形象。”

办案警察介绍，他们还有几本诈骗宝典，上面详细记录每个对象如何沟通问答。一旦取得对方完全信任，并当做确认男女朋友关系后，他们就会以母亲生病、卖房要保证金等诸多理由借钱，从而骗钱。

（2014年3月19日《广州日报》）

点评：不管是单身男人还是单身女人，都有一颗急于结婚的心，骗子才容易得逞。这个案例中，骗子小雯所营造的形象非常符合男人对妻子的期待：孝顺、善良、温柔、清纯可人，所以他们迅速聊得火热。一般情况下，在不同环境长大的两个人肯定需要时间磨合，不可能发展得很顺利。但骗子不会跟你磨合，只会对你千依百顺，让事主感到两人很合适，产生一种“要找的就是你”的幻想，以便尽快确定男女朋友关系，好开口“借钱”。我接触过不少未婚男性网上交友被骗的案例，基本全是年届三十很渴望结婚的类型，连面都没见过就满心欢喜地把钱汇给骗子。现在网上交友非常普遍，很多夫妻相识于婚恋网站，但是我们也要保持警惕，骗子也正在瞄准这个市场。这个案例提醒我们，对没见过面或者不知对方底细的爱人，借钱的风险是非常大的，即使对方不是骗子，但没有偿还能力，你的钱也可能追不回来。所以，“恋爱”期间双方的钱财来往，一定要慎重。

通过“男友”投资被骗

男子婚恋网站认识上海女子骗得705万

这是最高人民法院公布的一个案例。

2011年10月，被告人黄苏安用虚构的美籍华人身份，在某婚恋网站注册“相濡以沫”网名并结识女被害人谢某。交往过程中，黄苏安向谢某谎称，他所在的工作机构将启动巴拿马运河航线投资项目，项目回报率为本金的6倍，投资门槛为人民币705万元，在2012年元旦前除偿还本金外可另行给予回报1800万元，以此劝说谢某投资。谢某信以为真，同意投资上述项目。10月18日，谢某将5万元转至黄苏安指定的账户。同月20日，谢某向他人高息借得200万元，先后通过银行转账等方式交予黄苏安。之后，谢某又向他人高息借得490万元及积蓄10万元一并交给黄苏安派来的人。谢某发现被骗后报警，追回赃款335万元。

上海市第一中级人民法院经审理认为，被告人黄苏安以非法占有为目的，采取虚构身份、编造高额回报投资项目等方法诈骗被害人钱款达705万元，其行为已构成诈骗罪，且数额特别巨大。依照刑法有关规定，认定被告人黄苏安犯诈骗罪，判处无期徒刑，剥夺政治权利终身，并处没收个人全部财产。宣判后，被告人黄苏安提出上诉。上海市高级人民法院经依法审理，裁定驳回上诉，维持原判。

本案是一起利用婚恋网站交友实施诈骗犯罪的案件。随着都市工作、生活节奏的加快，专业婚恋网站成为适婚男女，特别是都市白领结识异性的新平台。但由于注册门槛低、信息审核难等原因，部分婚恋网站信息虚假，容易被不法分子用于实施违法犯罪行为。一些不法分子在婚恋网站注册账号，利用虚假身份进行交友，骗取对方信任后，借机实施盗窃、诈骗、敲诈勒索甚至强奸、绑架等暴力犯罪。本案被告人在婚恋网站注册账号，以虚假身份“美籍华人”作为幌子和诱饵，博取对方好感和信任后，以投资理财为名，诈骗巨额钱财。本案被告人虽然最终受到法律严厉制裁，部分赃款亦已追回，但被害人遭受的情感创伤以及巨额财产损失很难弥补挽回。此案警示公众，尽量选择正规婚恋交友网站，审慎核实对方身份及其他信息，在未确定对方信息前不轻易付出钱财和投入感情。

（2014年10月21日中国法院网）

点评：在这个诈骗案中，谢女士竟然将705万元交给“男朋友”投资，其中690万是高息借来的，报案之后只追回了335万元。剩下的肯定要自己埋单了。读完案例第一个感想是，谢女士肯定是富婆，第二个感想是她借高利贷投资，犯了大忌。

案件并没有交代谢女士是否急于嫁人，但从接触过这么多大龄未婚女青年或者离异女性被男人以结婚为借口骗财的案件来看，上当的女人一般都有急于结婚的心理。男人花言巧语，表现得很诚恳，很想和被害人结婚，之后以做生意周转不过来、家里人生病之类为理由，向女人要钱。上当的女人，只要男人表示想和自己结婚就很容易信任对方，之后警惕性就会降低。她们认为都快要结婚了，应该无条件信任对方，轻易就拿出自己的积蓄。我一个女性朋友是高薪人士，在网上认识了一个自称是香港人的男人，只见过几面，男人就开口借钱，她预感可能有诈，但却带有侥幸心理，想赌一把，转了5万过去，结果是肉包子打狗，有去无回。

另外还有一个例子是我朋友亲身经历的。一个彬彬有礼的台湾男人突然从天而降，一切都符合我朋友对男人的想象，恋爱非常开心、甜蜜，她对未来充满希望。我朋友甚至已经考虑围绕他规划自己的职业发展，结果，这个男人以“为了两个人的未来”为借口，向我朋友借钱。我朋友很警惕，知道对方有问题，拒绝了。没拿到钱，男人消失得无影无踪。我朋友说，这么美好的感情，突然发现对方是骗子，像吃了个苍蝇那样难受。

我以前接触过的婚恋诈骗案，数额比较大的也就是六七十万元，没想到最高人民法院公布的这宗案件，数额竟然高达705万元，更可怕的是690万元都是借高利贷。我留意到，这位谢女士只拿出了10万元积蓄。按道理来说，应该先拿自己的积蓄再借钱，但谢女士积蓄很少，可能是有房子抵押，才能借到那么多钱。多么可怕的后果！

反逼婚之国外经验

英国：求助“内政部逼婚事务组”

英国“内政部逼婚事务组”由英国政府外交部与内政部联合创立，其宗旨是帮助任何居住在英国境内的被逼婚者面对逼婚的难题。其官方网站上提供了随时可以拨打的求助电话和电子邮件地址。该事务组在网站上提供了详细的建议，以帮助不同的人群解决逼婚问题。

事实上，逼婚问题近年来一直困扰着英国政府。尽管逼婚事务组近四年来每年处理的实际案例都未超过2000例，但官方研究显示，英国每年被逼婚者很可能多达5000—8000人，女性受害者居多。

通常情况下，女童或年轻女性被家人带往国外，然后被迫与她们从未见过面的男子结婚，以兑现两个家庭之间的承诺。

负责人卡明女士日前向媒体透露，在事务组去年处理的1500多个案例中，有29%的受害者为18岁以下的未成年人，其中最小的为一名5岁女童。

近年来，英国男人也面临这样的困扰。据估计，英国每年大约有1万桩逼婚事件，其中20%被逼婚的是男性，80%的逼婚和男子的性取向有关。

澳大利亚：逼婚最高坐牢7年

澳大利亚不久前出台了一项禁止逼婚的新法律草案。其中规定，用强制、威胁或欺骗等手段迫使他人在违反意愿的情况下结婚，将被视为违法，会受到惩罚。

如果该草案明年顺利通过，那父母包办婚姻、强迫儿女嫁娶，将面临坐牢的惩罚。

据报道，这个草案的提出与近期的一个案子有关。不久前，一名16岁的澳大利亚少女将父母告上了法庭，称父母强迫她嫁给一名只见过一面的黎巴嫩男人。

此前，澳大利亚当局已接到多起牵涉未成年人在内的逼婚案。

澳大利亚妇女地位部长凯特·伊里斯说："每个人都有权选择是否结婚以及与谁结婚……强迫某人结婚是对人权的践踏。"

自公布之日起，有关部门将就这项草案公开征求民众意见，法案有望在今年晚些时候正式获得通过。

依据该草案的规定，逼迫子女结婚的父母可能面临最高7年的有期徒刑，同时受害人可以申请经济赔偿。

实际上，澳大利亚一向不允许逼婚，但法律没有明确规定。随着移民的不断增多，不同的文化、宗教、习俗融入，逼婚现象屡见不鲜。一些偏远地区的女性更是因为社会地位低，受教育有限，没有能力反抗。

目前，澳政府正努力开展相关培训，教一些女性重新认识婚姻，以及如何用法律保护自己等，培养她们的新婚姻观。

日本：逼婚未果改为代子相亲

日本社会目前已经陷入严重的少子化和老龄化，而婚龄男女在婚姻问题上又多呈现出比较消极的状态，而这种“随你怎样，反正我不结婚”的坚定态度也让很多逼婚的父母逐渐心灰意冷起来。

东京一家婚姻情报服务公司对大龄剩男剩女的父母展开了子女婚姻情况的调查。受调查者中，认为“子女应该结婚”的父母仅为39.8%，这一结果较之1993年展开同类调查时92.5%的结果锐减。

当被问及父母是否与未婚子女就婚姻话题展开讨论时，情况不尽乐观。选择了“态度比较消极”“持否定态度”和“完全没有”的受访者中，身为母亲的占48%，而父亲则比例更高，达到69%。

此外，调查者设置了“如何看待子女独身的问题”以了解父母对未婚子女内心的了解程度。接受调查的父母中有32.3%的人认为应该是“尽管有机会遇到条件不错的对象，但并不是孩子心目中理想的对象”，其次选择比较多的答案是“认为没必要结婚”，选择比例达到32%。

所以，一方面日本大龄青年们打定主意将单身进行到底，另一方面父母和子女就结婚问题实在是难以沟通，最后那些仍然不肯放弃逼婚的家长只好“皇帝不急太监急”，决定亲自出马，要代替孩子相到一个满意的对象。“代子相亲”宴会便在这类七旬老年人中流行开来。

“代子相亲”宴会是一个仅面向父母的相亲宴会，组织者将参加者的孩子的情况做成一本册子，里面主要记载他们的学历、职历、收入、婚姻状况等条件。

父母们在宴会开始之前都会熟读这份册子，好在一开始就瞄准目标，然后双方父母根据条件先进行沟通，谈妥了最后才会“请出”自己的子女。

（2013年2月8日《广州日报》）

（本书部分内容来源于《中国剩女调查》，已经出版社同意并授权）